大川隆法
東京ドーム
講演集

エル・カンターレ「救世の獅子吼」

RYUHO OKAWA
大川隆法

大川隆法
東京ドーム 大講演会の歩み

1991.7.15－2017.8.2

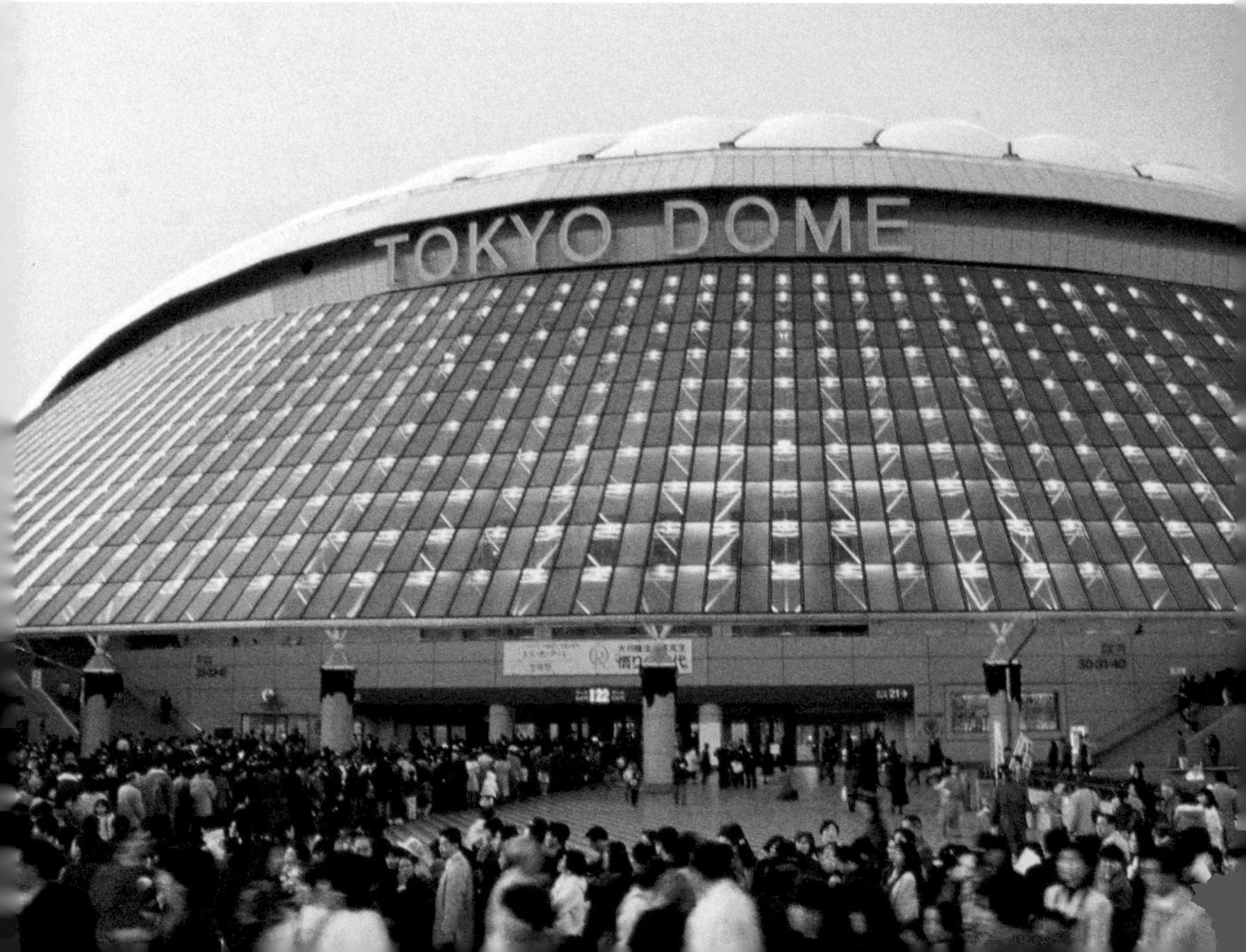

1991.7.15 御生誕祭 法話「信仰の勝利」(第１章)

「エル・カンターレ宣言」がなされた記念すべき第一回の講演会。

会場に詰めかけた約５万人の聴衆。

当日は外の巨大な飛行船のほかに、ドーム内にも小型の飛行船が飛ばされた。

大階段より聴衆の前に現れた。

1991.12.26 エル・カンターレ祭 法話「新世界建設」（第２章）

新世界建設に向けた如来の四法印が説かれ、「救世の号令」が世界に発信された。

1992.7.10 御生誕祭

法話「イニシエーション（秘儀伝授）」（第３章）

約５万人による四禅定の瞑想実修と秘儀伝授が行われた。

1992.12.25 エル・カンターレ祭 法話「悟りの時代」(第４章)

蓮の花を模した台座の上から、悟りに入る道が明かされた。

1993.7.12 御生誕祭 法話「空と阿羅漢」(第５章)

巨象をかたどった演台で登壇し、悟りの時代の到来を告げられた。

1993.12.23 エル・カンターレ祭

法話「ネオ・ジャパニーズ・ドリーム」（第6章）

古代ギリシャの雰囲気を漂わせるなかで、諸宗教の統合こそ人類救済の道だと説かれた。

1994.7.12 御生誕祭 法話「異次元旅行」（第7章）

UFOを模した乗り物で登壇し、宇宙人との交流の未来について述べられた。

1994.12.18 エル・カンターレ祭

法話「永遠の挑戦」（第8章）

龍に乗って登壇し、マスコミと邪教の問題点を鋭く指摘された。

1995.7.10 御生誕祭

法話「新生日本の指針」(第９章)

国難に直面する日本に対し、国際化の推進と
精神大国となる必要性が説かれた。

1995.12.10 エル・カンターレ祭

法話「未来への選択」(第 10 章)

正しい世界宗教こそ、未来を変える
鍵であると説かれた。

2017.8.2 大講演会 法話「人類の選択」(第11章)

22年ぶりの東京ドーム大講演会では、再び約5万人の聴衆を前に説法を行い、全世界3500カ所に同時中継された。

まえがき

過去十一回開催された、七月の「御生誕祭」や、十二月の「エル・カンターレ祭」の講演会と、二〇一七年八月に開催された特別講演会の内容を収録した一書である。

私としては、その時々の、力一杯《ちからいっぱい》の講演であった。

しかし、読者諸氏も同感されようが、仏教の核心にフォーカスした説法は、かなり専門的で難しい。また時事的なテーマを扱ったものは、どうしても、その時代的限界を感じるものもある。

しかし、世界宗教・幸福の科学の歴史的記録であるので、著者としては、自分自身の過去の仕事も突き放して観《み》ようと思っている。

この教えの中に、大川隆法の真の姿が隠れているものと思う。

二〇二〇年　九月二十日

幸福《こうふく》の科学《かがく》グループ創始者兼総裁《そうししゃけんそうさい》

大川隆法《おおかわりゅうほう》

大川隆法　東京ドーム講演集　目次

第1章　信仰《しんこう》の勝利

一九九一年七月十五日　説法《せっぽう》
東京都・東京ドームにて

第2章　新世界建設

一九九一年十二月二十六日　説法
東京都・東京ドームにて

第3章　イニシエーション（秘儀伝授《ひぎでんじゅ》）

一九九一年七月十日　説法
東京都・東京ドームにて

第4章　悟りの時代

一九九二年十二月二十五日　説法
東京都・東京ドームにて

第5章　空《くう》と阿羅漢《あらかん》

一九九三年七月十二日　説法
東京都・東京ドームにて

第6章　ネオ・ジャパニーズ・ドリーム

一九九三年十二月二十三日　説法
東京都・東京ドームにて

第7章　異次元旅行

一九九四年七月十二日　説法
東京都・東京ドームにて

第8章　永遠の挑戦《ちょうせん》

一九九四年十二月十八日　説法
東京都・東京ドームにて

第9章　新生日本の指針

一九九五年七月十日　説法
東京都・東京ドームにて

第10章　未来への選択

一九九五年十二月十日　説法
東京都・東京ドームにて

第11章　人類の選択

二〇一七年八月二日　説法
東京都・東京ドームにて

第1章

信《しん》仰《こう》の勝利

1　エル・カンターレ宣言

諸々《もろもろ》の比丘《びく》、比丘尼《びくに》たちよ。
今日は、私の三十五回目の生誕を祝してくれたことを、心よりうれしく思う。

およそ、あなたがたがこの地上において経験しうるもののなかで、
信仰《しんこう》という名の奇跡《きせき》ほど素晴《すば》らしき力を内在せるものはない。
それは、すべての不可能を可能とするものであり、
あらゆる困難を排除《はいじょ》し、苦難を吹《ふ》き飛ばし、
そして、ただ一筋《ひとすじ》に神へと向かう道を拓《ひら》くものである。

ああ、すでにあなたがたのもとに届けられたる『永遠の仏陀《ぶっだ》』という、
わが書を繙《ひもと》いてみるがよい。
その一書のなかに綴《つづ》られたる言葉に込《こ》められたる、その念《おも》いを――。
あなたがたは、その言葉が人から来たと思うか。
人間の考えであると思うか。

あなたがたは、
肉体に宿りたる大川隆法という名の人間の存在にも、迷うてはならぬ。
あなたがたの前に立ちたるは、大川隆法であって、大川隆法ではない。
あなたがたの前に立ち、永遠の真理を語るは、エル・カンターレである。
われは、この地球の最高の権限を握《にぎ》りたるものである。
われは、この地球の始めより終わりまで、すべての権限を有するものである。

なぜならば、われは、人間ではなく、法そのものであるからだ。

2 「永遠の仏陀《ぶっだ》」とは大宇宙を統《す》べる教え

あなたがたは、その肉の目に惑《まど》わされてはならない。
神とは、そして、神そのものを表現し、伝えているところの「永遠の仏陀《ぶっだ》」とは、
人間ではない。
それは、法である。教えである。則《のり》である。
この大宇宙を統《す》べるところの教えであるのだ。
この宇宙は、偶然《ぐうぜん》に創られたるものではない。
見上ぐる天空に、何一つの偶然はない。

この地上にもまた、何一つの偶然もない。
すべては、木《こ》の葉《は》一枚落つるも、神の法則の下《もと》にある。

神は偉大《いだい》なるかな。
はるかなる昔に、この大宇宙ができる以前より、念《おも》いにて存在した。
その念いとは、すべてのものを包み込《こ》み、
すべてのものを愛し、すべてのものを育《はぐく》み、
そして、
「わが創りたるものたちよ。
あなたがたは、偉大なるものとなれ。
われのごとくに偉大なるものとなれ」
——と命ぜられた。
そうしてできたのが、あなたがた一人びとりの魂《たましい》である。

わずか二メートルにも満たぬ小さな肉体に宿っているからといって、
己《おのれ》の存在を卑小《ひしょう》なるものだと思ってはならぬ。
取るに足らぬ小さなものであると思ってはならぬ。
あなたがたの魂の奥底《おくそこ》に、わが刻み込んだるは、
不滅《ふめつ》の叡智《えいち》であり、不滅の力である。
その叡智と、その力を見いだすのだ。
そのときに、あなたがた一人びとりのなかに、
久遠《くおん》の仏陀と同じ、神仏とまったく同じ光が宿されていることを知るであろう。
信仰《しんこう》とは、はるか彼方《かなた》にある、目に見えぬ存在を礼拝《らいはい》せよということではない。
あなたがた一人びとりのなかに、偉大なる神の存在が含《ふく》まれているのだ。

3 「魂《たましい》の自由」こそが神から宿《やど》された最大の幸福

ああ、それなのに、この世に生まれ落ちて数十年、
いったいいかなる人生を、あなたがたは歩んできたであろうか。
それが、神仏の子としての正しき生き方であったか。
真実に、心に誓《ちか》って、あなたがたのその数十年の人生は、
神の光、わが内に宿《やど》りたるとして、恥《は》ずることなきものであったか。

ああ、けれども、今、あなたがたが未熟であることを、私は責めはしない。
未熟ということは、限りない発展の可能性を有しているということでもある。
なれども、その発展の可能性を可能性で終わらせてしまったとするならば、

その罪は誰《だれ》にある。
その罪は誰にある。
あなたがた一人びとり以外の何者にも、何人《なにびと》にも、その罪はありはしない。
あなたがたが、神と同じ力をその本質において有しているということは、
あなたがた一人びとりが、
己《おのれ》の全人生のすべての責任を負うということでもあるのだ。
すべての責任を負うということは、人生の途上《とじょう》において、
あなたがた一人びとりに巡《めぐ》りきたるところの、その選択《せんたく》は、
あなたがた一人びとりが、己の決定でもって下したということなのだ。
これが、魂《たましい》の自由である。
この魂の自由こそが、あなたがたのなかに宿されたる最大の幸福でもあるのだ。

あなたがたのなかで、

言葉にて、理屈《りくつ》にて、神を否定せんとする者は、
「神がそのように完全無欠であり、われらもまた神の子であるならば、
何ゆえに人は悪を犯《おか》すか、何ゆえに人に悲しみがあるか、苦しみがあるか」
――そう問う者もある。
しかし、そのような疑問は、
あなたがた一人びとりが不完全な人生を生きることとの、
何らの罪滅《つみほろ》ぼしの証明、証拠《しょうこ》にはなりはしない。
あくまでも、その自由は完全であるからこそ、
すべての可能性のなかで選び取ることができるのだ。

悲しみもあることを知って、喜びを得た者は、最大の幸福を手にしたのだ。
苦しみがあることを知りながら、
その苦しみを突《つ》き抜《ぬ》けて、栄光を手にした者には、

不幸は忍《しの》び寄る隙《すき》がない。
そう、あなたがたは、本当の意味における自由ということが、
己の魂の主人公であるという名の自由が、
いかばかりの幸福であるかということを知りなさい。

さすれば、
あなたがたが忌《い》み嫌《きら》うところの地獄《じごく》という世界であっても、
その地獄の底を支えたる神の愛の手があることを知るであろう。
支えているのだ。
数十億の人が苦しんでいる、その地獄の底をも、神は支えているのだ。
抱《だ》きとめているのだ。
その事実を知らなければならない。
その苦しみが最大の幸福となる日を夢見て、

抱きかかえている存在があるということを忘れてはならない。

4　真理の運動こそが「地球を救う光」

地球のわれらは銀河のなかの希望の光

あなたがたは、孤立無援《こりつむえん》な存在ではない。それは、この地上においてのみ、孤立無援な存在ではないと言っているのではない。

この地上には、わずか五十数億の人間が生きているにしかすぎないが、この地を去った、はるかなる天上界《てんじょうかい》には、五百数十億人の霊団《れいだん》がこの地球を中心として住んでいる。

そしてまた、この太陽系を超《こ》えたる世界においても、無数に近い太陽系がある。そのなかでも、人類に似た人々は、あなたがたと同じように、幸福を手にするた

●五十数億の……　説法当時。2020年統計では約78億人。

めに、日々、精進《しょうじん》に努めているのだ。

さすれば、あなたがたの人生観は、今までの数十年の人生のなかで培《つちか》われたものでもって測られてよいわけではない。

この地球五百数十億人の霊団が、いかなる使命を持って、今、存在しているのか。大宇宙のなかで、いかなる使命を持って存在しているのか。それをも考慮《こうりょ》に入れなくてはならないであろう。

われらは、この銀河のなかにおける希望の光であるのだ。そして、希望の光であるとともに、今また、銀河の他の惑星《わくせい》の人々からも、「この地球は、どういう方向に進んでいくのだろうか」と、大いなる心配をもって眺《なが》められている存在でもあるのだ。

何ゆえに幸福の科学が真理の広宣流布《こうせんるふ》に起《た》ち上がっているか

われはすでに数多くの予言をなした。

その多くは、恐《おそ》るべき事実に彩《いろど》られていたであろう。
しかしながら、それはあくまでも警告である。
人類への、あなたがたへの警告である。
今、これから向かってくるところの十年、世紀末の十年は、
数限りない天変地異、戦争、そして、多くの人々の死が予定されている。

しかし、私は言う。
それは予定である。あくまでも予定である。
「このままであれば、そうなる」と言っているにしかすぎない。
なぜならば、この地上においては、光と闇《やみ》とは相対的なるものであり、
光強くならば、闇退《しりぞ》き、
闇強くならば、光、一時期は退却《たいきゃく》するかに見えるものである。
そのわずか二つの変数を持っているところの、この方程式が、

いかなる結果をもたらすかは、ここ十年で決まる。

よく知るがよい。

何ゆえに、幸福の科学という、この団体が、
今、死力を尽《つ》くして真理の広宣流布《こうせんるふ》に起《た》ち上がっているかを——。

これを一団体の欲得と思うか。
これを一宗一派の運動と思うか。
まかり間違《まちが》っても、
大川隆法という名の個人の利益や欲得のためにやっていることではない。
私たちの、この真理の運動こそが、地球を救う光なのだ。

今、数多くのロウソクの光が日本に灯《とも》った。
ああ、わずかのうちに灯されたる、そのロウソクの炎《ほのお》よ。

限りなく頼《たの》もしく見える、この灯火《ともしび》たちよ。

されど、されど、されど、されど、
あなたがたは、その肉体を抜《ぬ》け出し、はるかなる宇宙より、この地球を観《み》てみよ。
その姿を想像してみよ。
青い地球が暗闇に沈《しず》もうとしている。
その表面は暗い想念の曇《くも》りに閉《と》ざされ、神の光を遮《さえぎ》ろうとしている。
そして、暗い時代が始まろうとしている。

はるかなる天空から見た場合に、
そのロウソクの炎が、
いかに頼りなく揺《ゆ》れているかということを、想像するがよい。
それも、この、小さな、小さな、小さな、小さな、日本という国に、わずかに揺れているのみなのである。

5　法を弘《ひろ》めるは弟子《でし》にあり

今後、ノストラダムス以下の予言者たちの戦慄《せんりつ》の啓示《けいじ》を、
この予言を外れさせるか否《いな》かは、あなたがたの活動にかかっている。
そのすべてを変えることは、おそらくできまい。
それはもう、変えることができないところまで来てはいる。
しかしながら、いかなるかたちによって、その恐怖《きょうふ》の予言が成就《じょうじゅ》するかは、
まだ変更《へんこう》の余地があるのだ。
それは、この真理の動きが、
どれほどの光と、エネルギーと、力を有するかによって決まるのである。

だからこそ、私はあなたがたに言う。
今、われわれは純粋《じゅんすい》なる念《おも》いでもって、神に誓願《せいがん》を立てようではないか。

法を説くは師にあり。
法を弘《ひろ》めるは弟子《でし》にあり。
弟子たちよ、覚悟《かくご》せよ。
その使命、果たすことなく、
今世《こんぜ》において、その生命を終えることは許されないのだ。
それは、あなたがたが、仏との誓《ちか》いを破ったということになるのだ。

しかし、わが願いは、
かくのごとく小さく、有限の部分のものでは決してありえない。

私たちは、生きている人たちだけに責任を負っているのではない。
私たちの先輩《せんぱい》であって、
すでに地獄《じごく》というところに赴《おもむ》いているところの数十億の迷える人々を、
その煉獄《れんごく》の炎《ほのお》のなかから救わねばならないのだ。
今、地獄の扉《とびら》を開け、彼らの罪を赦《ゆる》し、光の世界に導くは、
幸福の科学の光の戦士たちである。
あなたがたの仕事は、過去・現在・未来という、この地球世紀のなかにおいて、
最大に聖なるものであるのだ。
最大に尊いものでもあるのだ。

6　仏国土成就《ぶっこくどじょうじゅ》の理想実現への願い

信ぜよ、信ぜよ、信ぜよ。
われを信ぜよ。
永遠の仏陀《ぶっだ》を信ぜよ。
永遠の仏陀、現れて、
あなたがたの前にて、久遠《くおん》の真理、説きたるを信ぜよ。
信じたならば、勝利は、あなたがたの前に広がるしかないのである。
よいか。われが地上を去るまでに、まだ数十年の歳月《さいげつ》が予定されている。
その間《かん》に、

この日本だけではない、
地球すべて、五十数億の人々に、この真理を伝えるのだ。
永遠の真理を、永遠の法を、
永遠の仏陀より流れ出したるところの久遠の法を伝えるのだ。

よいか。あなたがた一人びとりの命は無限に尊い。
その命の尊さは、この世における有限の時間を内包しているからであるのだ。
あなたがたの命には、時間が込《こ》められている。
過去・現在・未来を貫《つらぬ》く永遠の魂《たましい》とはいっても、
現代のように、この日本に生《せい》を享《う》けるほどの、
それほどまでに尊い瞬間《しゅんかん》はおそらくないであろう。

よいか。

われは、今より二千六百年前、インド（ネパール）で釈迦《しゃか》として生まれた。
四千三百年前、ギリシャにヘルメスとして生まれた。
されども、
今、あなたがたの前に大川隆法として現れている魂は、
この仏陀の魂の本体であるところのエル・カンターレであるのだ。
あなたがたは、そういう瞬間に、今、立ち会っている。

この真理の運動は、小さなものであってはならぬ。
この東京ドームを光に満たすのみであってはならぬ。

この場に集《つど》いたる、五万の比丘《びく》、比丘尼《びくに》たちよ。
また、本日ここに集いたる、幾千《いくせん》、幾万の諸如来《しょにょらい》、諸菩薩《しょぼさつ》たちよ。
天にある光の存在たちよ。

われらに力を与《あた》えたまえ。
われらの聖なる願いに力を与えたまえ。
われらに無限の光を与えたまえ。
われらに仏国土成就《ぶっこくどじょうじゅ》の、その理想を実現させたまえ。

7　信仰《しんこう》の名の下《もと》に勝利以外の結果はないと知れ

諸々《もろもろ》の比丘《びく》、比丘尼《びくに》たちよ。
あなたがたは、わが言葉を鼓膜《こまく》の振動《しんどう》のみとして受け止めてはならない。
それは限りなく悲しいことだ。
魂《たましい》でもって、わが言魂《ことだま》を受け止めよ。
あなたがたは、この地上を去った後《のち》、霊天上界《れいてんじょうかい》において、直接わが教えを聴《き》くことは、もはやないであろう。
されば、この場において、
わが語りたるこの言葉を、魂に黄金の文字として刻印せよ。
刻み込《こ》むのだ。
一九九一年七月十五日というこの日を、魂のなかに刻印せよ。
この日を忘れてはならぬ。
これが、全人類救済の旅立ちの一里塚《いちりづか》であるからだ。

われと共に起《た》ち上がり、わが白き手のもとに集《つど》い、
わが背に続いて、光の行軍を開始しようではないか。
世界は、われらが掌中《しょうちゅう》にある。
この全世界救済を実現せぬは、われらが怠慢《たいまん》以外の何ものでもない。

すべてのものは可能である。
信仰《しんこう》の名の下《もと》に勝利以外の結果はない――ということを知るがよい。
信仰は、あなたがたに最大の勝利を与《あた》えるであろう。

本日の、このドームでの、光の天使たちとの誓《ちか》いを忘れるな。
光の天使たちと、今日、魂で契《ちぎ》りを結んだることを忘れてはなるまい。
命あるかぎり、この真理を弘《ひろ》めん。
あなたがたもまた、このあとに続いてほしい。

永遠の仏陀《ぶっだ》、ここにあり。
また、その弟子《でし》、ここにあり。
共に頑張《がんば》っていこうではないか。

第2章

新世界建設

1　エル・カンターレとは「うるわしき光の国・地球」

今日は、記念すべき第一回の「エル・カンターレ祭」を開催《かいさい》することができたことを、心よりうれしく思う。

あなたがたの多くも、エル・カンターレという名を耳にしてより、まだ日は浅いであろう。おそらくは、いまだこの真理の縁《えん》に触《ふ》れておらぬ者たちにとっては、その名は、不思議な響《ひび》き以外の何ものでもないであろう。

エル・カンターレとは、「うるわしき光の国・地球」という意味である。

この地球の創世よりかかわり、

人類の始まりに先立ちてある魂《たましい》のことを称《しょう》するのである。

またの名を、釈迦大如来《しゃかだいにょらい》という。

九次元意識界にあるところの法の意識、それが、私の本当の姿である。
私は、このような姿を借りて、
あなたがたの前には現れてはいけない存在である。
しかし、にもかかわらず、
われ、この地上に、その本身《ほんしん》を現したるは、これで三度目となる。
いずれも、あなたがた人類のすべてが未曾有《みぞう》の危機に直面した、
新たな創世記の時代にのみ、われは現れたのである。

見よ、見よ、見よ、見よ。
神の光を見よ。
その黄金の光線を見よ。黄金の光を見よ。

すべてを包み込《こ》みたる、七色の神の光線をまとめ上げたる、
黄金の色を見よ。
それが、あなたがたの魂の奥底《おくそこ》にて、
はるかなる昔に見た記憶《きおく》とも重なるはずである。

2 人類の危機を警告する五つの予言

ああ、人類、この地上に姿を現してより、わずか四億年。
この間《かん》に、さまざまなる文明が生まれては滅《ほろ》び、生まれては滅び、
常に、新たなるものを目指し、
最上なるものを目指し、最高なるものを目指して、
幾《いく》たび、幾十たび、幾百たび、幾千たび、

あるいは、その何百倍も何千倍も努力を重ねてきたことであろうか。
あなたがたは、あるときには繁栄《はんえい》を見、あるときには衰退《すいたい》を見、
あるときには、自分自身のその力によって、
自分たちの命をも失わしめたのである。

見よ。見よ、見よ、見よ。
今年、わが第一の予言は、すでに成就《じょうじゅ》された。
●北方の雪降る大地の国は、今、地響《じひび》きを上げて、大きく倒《たお》れていこうとする。
第二の予言は、アメリカ合衆国の没落《ぼつらく》であり、
第三の予言は、ヨーロッパの没落であり、
第四の予言は、第三次世界大戦の勃発《ぼっぱつ》であり、
そして、第五の予言は、
あなたがたがまだ記憶《きおく》にないところの天変地異が起きるということだ。

●北方の……　本説法当時の1991年12月にソビエト連邦が崩壊した。なお、ソビエト連邦崩壊については、1986年に書かれた『黄金の法』で、すでに予言されていた。

火山の爆発《ばくはつ》、それもあるであろう。大地震《だいじしん》、それもあるであろう。大津波《おおつなみ》、それもあるであろう。飢饉《ききん》、それもあるであろう。ポールシフトという、未曾有《みぞう》の事態も迫《せま》っている。

その人類の危機に気がついているは、いったい幾人いるであろうか。

3 救世の地として選ばれた日本

よくよく、あなたがたに言っておく。われ、この日《ひ》の本《もと》の国に生まれずんば、この日本の国もまた、海の藻屑《もくず》となる運命にあったということを、あなたがたは知らなくてはならない。そのような恐《おそ》るべき時代に、あなたがたは生きているのだ。

しかし、神は、あなたがたを見捨てたまわなかった。あなたがたに、最後のチャンスを与《あた》えたもうているのだ。

なぜ、このたび、この日本の地が救世の地として選ばれたか、その熱い念《おも》いが、いかほどのものであるか、あなたがたは悟《さと》っているであろうか。

人類五十数億●の運命が、今、日本人の手に委《ゆだ》ねられているのである。そのようなときが来たのである。一つの民族に、それだけの運命が託《たく》されたのである。

その島の大小は問うまい。その国民の肌《はだ》の色は問うまい。その国民の過去の歴史は問うまい。

されど、われ、再誕の地として、この日本を選んだるは、あなたがたへの最大の福音《ふくいん》であるということを疑ってはならない。

わが説く法は、人類救世の法である。
その言葉の片言隻句《へんげんせきく》をも、おろそかにしてはならぬ。
万《まん》が一《いつ》、このわが救世の情熱、叶《かな》わず、
万が一、この法、東《ひがし》の国にて埋没《まいぼつ》することあらば、

●五十数億の……　説法当時。2020年統計では約78億人。

この日本の国も、必ずや海中に没することを、われは予言する。
それほどの、大きな大きな使命を帯びて、天降《あまくだ》ってきたのである。

あなたがたは、今、一つの文明が終わり、
新たな創世記をつくりうるか否《いな》かという、
大きな大きな賭《か》けの瞬間《しゅんかん》に立ち会っているのだ。
それは、私一人が成し遂《と》げることではない。
その救世の主役は、あなたがた全員であるのだ。

4　救世の福音《ふくいん》を告げ知らせよ

われ、悟《さと》りを開きてより、●十年余りの歳月《さいげつ》がすでに過ぎ去り、

●十年余りの……　説法当時。2020年時点で、1981年の大悟《たいご》から39年となる。

この間《かん》、わが念《おも》いの丈《たけ》を、法として、教えとして、
あなたがたの前に繰《く》り広げてきたが、
救世の力いまだ及《およ》ばず、かくなる遅々《ちち》たる歩みにおいては、
世界人類の救済は、ままならぬのである。

行け。
行きて告げよ。
わが念いを告げよ。
わが救世の福音《ふくいん》を告げ知らせよ。
再び、人類に偉大《いだい》なる愛を説くべく現れたる者があるということを、
この東《ひがし》の国に再誕したということを、あなたがたは告げなくてはならない。
それが、私と同時代に生きている人間の定《さだ》めであるのだ。

よいか、よいか、よいか。
仏、この地上にあるときに生《せい》を得《う》るは、至難の業《わざ》であるということを、
あなたがたは知らなくてはならない。
仏、この地上にありて、その法、伝えし者のみが、
再び、仏再誕の時に、再誕の地に、出会うことができるのだ。
今、この時代に、この法が説かれていながら、それに見向きもせず、
その法を無視し、愚弄《ぐろう》したる者は、二度と再び、
わが再誕の時に、わが再誕の地に、生まれ合わせることはできないであろう。
あなたがたは、大いなる福音を見逃《みのが》したのだ。
そして、大いなる使命を果たさなかったのだ。

よいか、よいか、よいか。
万《まん》が一《いつ》にも、この光の道を妨《さまた》ぐる闇《やみ》とはなるな。

法種《ほっしゅ》を断《た》つ罪は、人類最高の罪であるということを忘れてはならぬ。
わがまく法の種を、それを虚《むな》しくしたる者よ。
あなたがたは、二度と人間として生まれ変わることはできないであろう。

わがまく救世の法の種を、あなたがたは、丁寧《ていねい》に拾い、
一つひとつを、丁寧に耕《たがや》されたる畑に植え、水をやり、陽《ひ》を当て、
そして、育てねばならぬのだ。
今、生きている人たちのためにではない。
後《のち》に来る人々のためにである。

現在、生を享《う》けている者の数多くは、
もはや、そう長い命を、この地上で長らえることはできないであろう。
それを、私はあらかじめ警告しておく。

それもこれも、わが教えし法を蔑《ないがし》ろにし続けてきた、あなたがたの罪であるのだ。
われは、あなたがたの罪を指摘《してき》すると同時に、救いの法をも説く者である。
われを信ぜよ。
われを信ずる者には、永遠の大道《たいどう》が開けるであろう。
わが声を信じ、わが説く法を、福音として宣《の》べ伝えたる者には、
無限の栄光が約束されているのである。

5 「如来《にょらい》の四法印《よんぽういん》」とは、新世界建設に向けた四つの法門《ほうもん》

如来の四法印①——諸行無常《しょぎょうむじょう》

しかし、見よ。

あなたがたの同輩《どうはい》たちの愚《おろ》かなることを――。

諸行《しょぎょう》が無常《むじょう》であることが、まだ分からぬか。

あなたがたは、肉体という仮の姿に宿《やど》っているだけであるということが、まだ分からぬか。

この地上にあり、生きているものすべてが移ろいゆくものであることが、まだ分からぬか。

物質など、本来、姿形《すがたかたち》なきものであることが、まだ分からぬか。

その、時間の法が、諸行無常の法が、二千六百年たって、まだ分からぬか。

如来の四法印②――諸法無我《しょほうむが》

そして、諸法《しょほう》は無我《むが》であると、私は同じく、あなたがたに説いたはずである。

あなたがた一人びとりは個性ある魂《たましい》のように見え、あなたがたの目に映るあらゆるものは個別に見え、各人がそれぞれの意志において生命を得ているかに見えて、その実、宇宙の理法《りほう》はただ一つであり、すべては神の光から現れたるものである。地にある人間も、動物も、植物も、鉱物も、そして、この地を去りたるところにある霊《れい》存在も、これらはすべて、一切《いっさい》は空《くう》である。

すべては空であり、すべては神の光によってのみ存在しているのだ。

これを諸法無我という。

如来の四法印③——涅槃寂静《ねはんじゃくじょう》

そして、われ、第三に説きたるは、永遠の時間のなかにおける諸行無常と宇宙を貫《つらぬ》く縦の時間、空間を貫く軸《じく》のなかにおける諸法無我の、この縦と横の交わるところに、永遠の命が生きているということなのだ。

その真実を知ったときに、あなたがたは、この地上において、命ある身でありながら、すでに涅槃《ねはん》に入《い》ったのである。すでに永遠の生命を得たのである。すでにこの地上にて解脱《げだつ》したのである。

この第三の法門《ほうもん》を、涅槃寂静《ねはんじゃくじょう》の法門という。

諸行無常、
諸法無我、
涅槃寂静、
これが、仏の説く法の印《しるし》である
三法印《さんぽういん》（さんぼういん、とも読む）というものである。
記憶《きおく》せよ。

如来の四法印④——光明荘厳《こうみょうしょうごん》

しかし——
しかし、しかし、しかし、しかし、
新世界の建設を担《にな》うべきあなたがたに要請《ようせい》されている法門が、いま一つある。

光明荘厳《こうみょうしょうごん》の法門である。
涅槃寂静の、己《おのれ》一人の解脱をもって、今世《こんぜ》の修行《しゅぎょう》としてはならぬ。
その身そのままが、神仏より頂いたる仏性《ぶっしょう》を宿しているのであるならば、
この穢《けが》れたる、物質に覆《おお》われたる三次元の世界にあって、光明を放て。
荘厳たる光明を放て。
この光明荘厳の法門を加えて、
私は、如来《にょらい》の四法印《よんぽういん》（しぼういん、とも読む）としよう。

よいか、よいか、よいか、よいか。
この世は、一時期の仮の宿りである。
仮の宿りではあるが、この地上もまた、永遠の仏陀《ぶっだ》のしろしめす地である。
わが統《す》べる国である。
この地上を、光で満たすのだ。

悟《さと》りを開け。
そのときに、あなたがたのその姿から、荘厳たる光明が溢《あふ》れくるであろう。

6 「人類の希望」をかたちあるものとする使命

信ぜよ。
信ぜよ。
信ぜよ。
如来《にょらい》の再誕を信ぜよ。
仏陀《ぶっだ》の再誕を信ぜよ。
永遠の仏陀、現れたるを信ぜよ。
あなたがたに、久遠《くおん》の法を説きたるを信ぜよ。

信ずるところから、すべては始まるのである。
エル・カンターレとは、人類の希望である。
あなたがたは、
この希望をかたちあるものになさしめねばならない尊い使命があるのだ。

戦え、光の天使たち。
戦え、光の戦士たち。
集《つど》い来よ、わが縁生《えんしょう》の弟子《でし》たちよ。
救世の号令、ここにかかれり。
これより後《のち》、
全人類救済のために、
新世界建設のために、

死力を尽《つ》くそうではないか。

第3章

イニシエーション（秘《ひ》儀《ぎ》伝《でん》授《じゅ》）

1　四禅定《しぜんじょう》とは何か

天上界《てんじょうかい》にいたときの心を取り戻《もど》し、霊的《れいてき》なる幸福を悟《さと》る

今日は、私はみなさまがたに、みなさまがたにとって、最も大切なことをお教えしようと思います。

今から二千六百年の昔、ゴータマ・ブッダ、釈尊《しゃくそん》が、インドにおいてあなたがたに説いた教えのなかで、その核《かく》とも言うべき教えとは、「涅槃《ねはん》とは何であるか」ということであったろうと思うのです。

それが、「悟《さと》りとは何であるか」「幸福とは何であるか」という問いに対する答えとなるでありましょう。

その涅槃の境地とは、いかにして得ることができるであろうか。それを、あなた

がたも問われるに違《ちが》いない。

人間は、この地上に生まれ落ちて肉体というものに宿ると、次第《しだい》しだいに、本来、自分自身が霊的《れいてき》なる存在であったということを忘れ果ててしまいます。「眼《げん》・耳《に》・鼻《び》・舌《ぜつ》・身《しん》・意《い》」という六根《ろっこん》の煩悩《ぼんのう》を中心とした生活を送ることにより、本来の人生の目的と使命とを忘れ、この世の物質的なる、物質を万能《ばんのう》とする悪《あ》しき念《おも》いに染まりて、そうして堕落《だらく》し、この世を去りて後《のち》、自《みずか》らが本来いたところの天上《てんじょう》の世界に還《かえ》れなくなっているわけです。

私はあなたがたに、「涅槃」という言葉によって、もともとあなたがたが天上界《てんじょうかい》にいたときの、その心を取り戻《もど》していただきたいと思うのです。

それは、限りなく清浄《せいじょう》なる気持ちです。限りなく透明《とうめい》なる気持ちです。「執《と》われ」というものを捨て去り、心のなかの重荷を捨て去り、本来、あなたがたが生まれてくる前に住んでいた世界に遊ぶ心、これを取り戻したときに、私たちは、物質的なるものではなく、「霊的なる幸福とは、いったい、いかなるものであるか」ということを悟るのです。

釈迦《しゃか》は、八正道《はっしょうどう》を説きました。八つの反省の徳目を説きました。その最後に「正定《しょう》」というものがあります。「正しく定に入《い》る」という教えがあります。この正定《じょう》とは、「正しい禅定《ぜんじょう》に入る」ということです。

禅定という言葉で表されている内容には、三つのものがあります。

その一つは、「精神の統一」という意味です。二つ目は、「反省」という意味です。三つ目は、「瞑想《めいそう》」という意味です。

釈迦の説いた「四禅定《しぜんじょう》」、すなわち四つの禅定には、この三種類の要素を含《ふく》んでいるものがありますが、私は今日、あなたがたに、瞑想的側面からの四禅定、四つの禅定とはいったい何であるかということを、お教えしようと思うのです。

初禅《しょぜん》——霊的なる自己を見つめる「せせらぎの瞑想」

四禅定の第一には、「初禅《しょぜん》」という境地があります。初禅とは、初めの禅、すなわち「第一禅」という意味です。

その内容は、さまざまに説明されることはありますが、要するに、初禅の境地とは、「あなたがたが、本来の自分の存在が、肉体的なる存在ではなく、霊的なるものであるということ」を見つめることを意味するのです。

すなわち、この肉体によって、目によって、耳によって、鼻によって、口によって、皮膚《ひふ》によって、頭脳によって、感じられるところの世界が、本来の世界ではないということを知るために、自らの霊的なる存在を、自らが霊自体であるということを見つめること、これが初禅の境地。すなわち、限りなく透明に、己《おのれ》自身を、執われなく、透《す》き通り流れてゆくものとして、変転してゆくものとして捉《とら》える必要があります。

ゆえに、瞑想的見地から捉えたるところの初禅とは、これは、いわば、透き通り、引っ掛《か》かることのなく流れていく、あのせせらぎにも似た境地を指すのであり、「せせらぎの瞑想」は、すなわち、これ、初禅に当たると言えると思うのです。

第二禅――霊的なる境地へと飛翔《ひしょう》する「風と雲の瞑想」

しからば、初禅がそうであるならば、「第二禅」、二段階目の禅定とはいったい何であるか。瞑想的にそれを説いたならば、それはいかなることになるであろうか。

初禅が、霊的なる自己を見つめることであるならば、第二禅は、すなわち、肉体中心に生きてきたところの、己自身の欲望や執着《しゅうちゃく》という執われを、引っ掛かりを、これを捨て去り、霊的なる境地へと飛翔《ひしょう》するものでなければならないはずです。

すなわち、瞑想的観点からの第二禅は、「風と雲の瞑想」とでも言うべき境地であろうと思うのです。

「透明なる風」となって、大空に駆《か》け上《のぼ》り、「雲」となって空に浮《う》かび、はるかなる上空より、この地上を見下ろしながら、己の肉体的生命の小ささと、物質世界のはるかなる姿を見下ろすときにこそ、得られる境地でありましょう。

第三禅――神仏の子としての実相を知る「満月の境地」

しからば、「第三禅」とは何であるか。第三の境地とは何であるか。

自らが霊的なる存在であることを知り、己自身の肉体的なる欲望と執着を去ったときに、そこに現れてくる境地とは、そう、自らの内より輝《かがや》き出《い》ずるところの、神仏の子としての実相以外にはないでありましょう。

その神仏の子としての自分自身の実相とは、すなわち、これ、「満月の境地」、光り輝ける黄金の球体、円の境地。これぞ、これこそ、第三禅、すなわち、あなたがたの心が調和され、自らの内より喜びが突《つ》き上げてくる境地です。

第四禅――守護霊《しゅごれい》と交流する境地

そして、「第四禅」とは何であるか。

これが四禅定の最終の段階ですが、神仏の子としての実相を知り、調和の心が芽《め》生《ば》えたときに、見ればわが上より、はるかなる世界より、自らを常に守護・指導していたものたちの光が臨《のぞ》んでくるのです。

そう、ついに瞑想はその本領を発揮し、この物質世界を離《はな》れ、異世界にあるところの、われらの魂《たましい》のきょうだいである、守護霊《しゅごれい》と交流する境地となるのです。あなたがたは、そこで初めて、霊的なる境地とは何であるかを知るに至るでありましょう。

指導霊の光を得て、生きながら、天上界《てんじょうかい》にて味わう境地を得る

そしてさらに、その四禅定の境地が進んでいったならば、おそらくや、その守護霊の力を超《こ》えたる世界より、指導霊の光を得ることができるでありましょう。

そのときに、あなたがたは神仏と一体となった境地を味わうことができるでしょう。

それは、人間として生きておりながら、肉体を持ちながら、この世の命をいまだ

持ちながら、すでに、死して後、天上界《てんじょうかい》にて味わう境地を味わったことになります。

これが、四禅定であります。

2　四禅定《しぜんじょう》の瞑想実修《めいそうじっしゅう》

霊的《れいてき》なる世界、あの世の世界、霊界《れいかい》世界について、知識として、霊言集《れいげんしゅう》その他で知ることはたやすい。しかしながら、実体験で己《おのれ》自身がそれを感得することは、たとえようもなく尊い経験となるでありましょう。

今日は、今言った瞑想《めいそう》的観点からの四禅定《しぜんじょう》を、みなさんと共に、この栄《は》えある東京ドームで、「五万人の四禅定」をやってみたいと思うのです。

〔初禅〕せせらぎの瞑想――透明《とうめい》なる川の水となって流れていく

それでは、心を調和してください。
背筋《せすじ》を伸《の》ばしてください。
背筋を伸ばし、肩《かた》の力を抜《ぬ》き、呼吸を整えてください。
今日は（会場の）オーロラビジョンを使って瞑想をやりますから、
目は閉《と》じなくても構いません。
それでは、最初の「せせらぎの瞑想」に入ります。
手を上に向けて、膝《ひざ》に自然に置いてください。そうです。
そのままで呼吸を整え、せせらぎのビジョンを見ながら、
透明《とうめい》なる川の水となって流れていってください。

（瞑想・約二分）

〔第二禅〕風と雲の瞑想――風となって舞《ま》い上がり、雲となって流れていく

それでは、第二禅に入ります。これは「風と雲の瞑想」です。
この世を離《はな》れ、はるかなる世界に飛翔《ひしょう》し、高い雲そのものとなって、
あなたがたは下界《げかい》を見下ろしていただきたいのです。
手は、先ほどと同じく上に向けたままで、
光を受けながら、風となって空高く舞《ま》い上がり、
そして、雲となって流れていってください。

（瞑想・約三分）

〔第三禅〕満月瞑想――自《みず》らが満月そのものになり切る方法

それでは、次に第三禅に入ります。これは「満月瞑想」です。

満月瞑想には幾《いく》種類かあります。
あなたがたの心のなかに満月を描《えが》く方法。
湖面に映った満月を見つめる方法。
そして、密教《みっきょう》の阿字観《あじかん》にも似て、
満月そのもののなかに自分が入り込《こ》み、自分自身が満月となる方法があります。
今日は、この三番目の満月瞑想をやります。
あなたがたはオーロラビジョンに映った満月を見つめ、
この満月そのものになり切るのです。
神仏の子としての実相は、
この満月、光り輝《かがや》ける満月そのものであるのです。
手は、静かに前に、合掌《がっしょう》に戻《もど》してください。

（瞑想・約二分半）

〔第四禅①〕自分自身の守護霊《しゅごれい》との対話

第三禅では、あなたがたは平安を得たことでしょう。
第四禅では、さらに大いなる喜びを得ることになるでしょう。
第四禅のその一は、
「あなたがた自身の、自分自身の守護霊《しゅごれい》との対話」です。
心を澄《す》まし、耳を澄ましたならば、
数十年の間、あなたがたを見守ってきた、
あなたがたの守護霊の声が聞こえてきます。

（瞑想・約三分）

〔第四禅②〕幸福の科学高級指導霊団《しどうれいだん》より光を頂く

それでは、第四禅の最後に、
幸福の科学高級指導霊団《しどうれいだん》よりの光を頂くこととします。
はるかなる天空より、あなたがたの心に、
数多くの光が射《さ》し込んでまいります。
この喜びを、この温かさを知ってください。

（瞑想・約三分）

3　エル・カンターレとの魂《たましい》の誓《ちか》い

以上が、瞑想《めいそう》的観点からの四禅定《しぜんじょう》ですが、今日は、この上なるもの、すなわち、エル・カンターレの光を、あなたがたに受けていただきたい。

エル・カンターレと、あなたがた一人ひとりとの、魂《たましい》の契《ちぎ》りを結びたいと思うのです。

まず、最初に二回、私が「エル・カンターレ　ファイト」をいたします。

そのあと、みなさまがたと共に、あと二度、「エル・カンターレ　ファイト」をいたしたいと思います。

では、最初の「エル・カンターレ　ファイト」を、あなたがたは合掌《がっしょう》をもって、その光を受け止めてください。

イニシエーション。修法《しゅうほう》「エル・カンターレ ファイト」。

ライト！ クロス！
ライト！ クロス！
エル・カンターレ ファイト！
ライト！ クロス！
ライト！ クロス！
エル・カンターレ ファイト！

それでは、会場のみなさん、お立ち上がりください。
今、やったように、二度、「エル・カンターレ ファイト」を続けてやります。

これは、みなさまがたと私との、魂の誓《ちか》いであります。
このとき、あなたがたの魂に、エル・カンターレ霊系団《れいけいだん》の刻印が記《しる》されるのです。

イニシエーション。修法「エル・カンターレ ファイト」。

ライト！ クロス！
ライト！ クロス！
エル・カンターレ ファイト！

もう一度。

ライト！ クロス！
ライト！ クロス！

エル・カンターレ　ファイト！

それでは十二月、エル・カンターレ祭で、またお会いしましょう。

第4章

悟《さと》りの時代

1　悟《さと》りに入るための心得《こころえ》

六大煩悩《ぼんのう》からの解脱《げだつ》

今日は、あなたがたに、悟《さと》りについての話をすることとしよう。

悟りに入るために、あなたがたが、まず最初に心得《こころえ》ておくべきことは、「貪《とん》・瞋《じん》・癡《ち》・慢《まん》・疑《ぎ》・悪見《あくけん》」という六大煩悩《ぼんのう》から解脱《げだつ》することである。

「貪」とは、貪《むさぼ》りの心である。

「瞋」とは、怒《いか》りの心である。

「癡」とは、愚《おろ》かな心である。

これらを「心の三毒」という。

「慢」とは、うぬぼれの心である。人を見下《みくだ》す心である。

「疑」とは、疑いの心。すなわち、自《みずか》らと同じく、神仏の子としての光を宿しているところの、他の人々のその神性《しんせい》を、仏性《ぶっしょう》を疑うことであり、また、正しき仏法《ぶっぽう》真理《しんり》を、正法《しょうほう》を疑うことでもある。これもまた煩悩であるということを知るがよい。

そして最後に、「悪見」という煩悩がある。悪見とは、「悪《あ》しき見解」という意味である。

悪見のなかには、代表的なるものが幾《いく》つかある。

悪見①「身見《しんけん》」――「肉体のわれが本来の自分」とする誤認

その一つは、「身見《しんけん》」といって、「肉体を持っているところのわれ、この肉体のわれが本来の自分である」と誤認することである。

悪見②「辺見《へんけん》」――「死んだ後《のち》、どうなるか」に対する両極端《りょうきょくたん》の見方

次には、「辺見《へんけん》」というものがある。

これは、一つは、「死ねば、そこで一切《いっさい》のものが断じられ、失われる」とする見方（断見《だんけん》）であり、そして、いま一つは、「現在ただいまあるがごとき自分自身が、その姿が、その考えが、その感覚が、死んだ後《のち》も同じく続いていく」という考え（常見《じょうけん》）である。

いずれも両極端《りょうきょくたん》であり、真理はこの二辺を離《はな》れたるところの中道《ちゅうどう》にある。

悪見③「見取見《けんじゅけん》」――「唯物論《ゆいぶつろん》のみが真理」とする見方に執《と》われること

さらに、悪見のなかで、あなたがたが間違《まちが》いやすいものとして、「見取見《けんじゅけん》」というものがある。これは、間違った見解に執着《しゅうちゃく》していることをいう。

例えば、「物質のみが存在し、唯物論《ゆいぶつろん》のみが真理である」とする見方、このような見方を「誤った見解」といい、このような見方に執《と》われることを「見取見」という。

そのような執われ方をしている者のなかには、現代的には〝知識人〟といわれている者も数多くいる。科学者のなかにも多い。哲学者《てつがくしゃ》のなかにも多い。現代の最先端を行くところの医学に携《たずさ》わっている者であっても、「人間とは遺伝子によって出来上がったものであり、脳こそが人間の本質である」と思っている者の数多いことよ。

脳とは、あなたがたの肉体をコントロールしているところの機械にしかすぎない。それは、あなたがた自身ではない。その奥《おく》に心というものがあって、これが、あなたがたの本当の主人公であるのだ。

悪見④「戒禁取見《かいごんじゅけん》」――間違《まちが》った戒律を守り行《ぎょう》じている者の見解

さらに、悪見のなかには「戒禁取見《かいごんじゅけん》」というものもある。戒《かい》とは戒《いまし》めである。禁《ごん》とは禁止、すなわち「してはならない」という掟《おきて》である。間違《まちが》った宗教において、間違った修行《しゅぎょう》をなしている者、間違った戒律を悟りに到《いた》る道だと思って、守り行《ぎょう》じている者、このような者の間違った見解を「戒禁取見」というのだ。

例えば、悟りに到る道を、「断食《だんじき》をすることだ」と考えてみたり、「滝《たき》のなかで水に打たれることだ」と考えてみたり、「山のなかを千日歩くことだ」と考えてみたり、「水のなかで呼吸を止めることだ」と思うような愚かな輩《やから》さえいる。

そのようなものは、一切、悟りとは無縁《むえん》の所業である。そのような戒律を守ったところで、あなたがたは、悟りに一歩たりとも近づくことはできぬであろう。

悪見⑤「邪見《じゃけん》」――仏法真理《ぶっぽうしんり》を知らず、誤てる宗教信条を奉《ほう》ずること

さらに、悪見のなかには「邪見《じゃけん》」といわれるものがある。狭義《きょうぎ》においては、これが「正見《しょうけん》」に対置される言葉である。邪見とは何であるか。大きくは、仏法真理《ぶっぽうしんり》を知らず、誤てる宗教信条を奉《ほう》ずることである。

例えば、私はあなたがたに、「人間はすべて神仏の子である」と教えてきたが、邪見に執われている人たちは、例えば、あなたがた一人ひとりが、悪魔《あくま》の子であるとか、サタンの子であるとか、そのようなことを教える。

確かに、人間として生きているかぎり、過《あやま》ちはするであろう。間違いを犯《おか》すであろう。されども、それは、本来、あなたがたが罪の子として創られたということではない。断じてそうではない。

神仏は、あなたがたを、尊いものとして、素晴《すば》らしいものとして、創られたのだ。あなたがたの周りに、いや、あなたがた自身に、今、もし悪しき現象が現れ、悩《なや》みが現れ、苦しみが現れ、悲しみがたとえ現れているとしても、それは「因果《いんが》の理《り》法《ほう》」に基《もと》づいて生じたものであるのだ。

2　悟《さと》りに到《いた》る第一の法門《ほうもん》――信解脱《しんげだつ》

すべて、人間のこの世の修行《しゅぎょう》においては、原因があって結果がある。まいた種があって、実りがあるのだ。この因果《いんが》の理法《りほう》を信ずることこそ、「正見《しょうけん》」

への道であるということを知らねばならない。

あなたがたは、正見という言葉を、かつて釈迦《しゃか》（釈尊《しゃくそん》）の説いた八正道《はっしょうどう》のなかの一番目の言葉として記憶《きおく》していることであろう。なるほど、正見とは、正しく見ること、正しい見解を持つことという意味であるが、仏法真理《ぶっぽうしんり》の初心者においては、正見とは、「正信《しょうしん》」にほかならない。正しい信仰《しんこう》である。

そこで、私はあなたがたに、悟《さと》りに到《いた》る第一の法門《ほうもん》を示すとしよう。それは「信《しん》解脱《げだつ》」の道である。信解脱とは、信じて解脱するということである。正しい信仰心を持つことによって、六大煩悩《ぼんのう》から逃《のが》れ、本来の実相世界にいたときのあなたがたの姿に還《かえ》るということなのだ。


信仰とは、単なるお題目《だいもく》ではない。

正しい仏法真理を信ずることができるということは、すでに悟りの第一段階に入ったということなのだ。

信ずるということは、すでに、悟りの一部をわが手にしたということなのだ。

あなたがたが日ごろ接する人々のなかには、
宗教を信ずることはできないと言う方もあるであろう。
もちろん、この世の中には、数限りない邪教《じゃきょう》があるからして、
宗教すべてを信じよと、私は言っているわけではない。
しかしながら、あなたがたが神仏の子であるならば、
あなたがたの親であるところの神仏は、
必ず、あなたがたを導くための手を差し伸《の》べている。
正しい仏法真理は
いつの時代にも説かれているということを知らなくてはならない。
その正しい仏法真理を受け入れ、つかみ取り、そして跳入《ちょうにゅう》して、
目に見えぬ世界をわがものと感得することこそ、第一段階の悟りであるのだ。

「信仰など持てない。信ずることなどできない」と言う方もあるであろう。
よろしい。
しかし、その言葉は、言い換《か》えるならば、
「私は悟れない」と言っているのと同じだ。
「信仰なくして悟りはない」ということを知るがよい。

3 悟《さと》りに到《いた》る第二の法門《ほうもん》――慧解脱《えげだつ》

悟りを得るには「信《しん》」と「智《ち》」の二つが必要

悟《さと》りの世界に入《い》るには、
「信《しん》」を能入《のうにゅう》となし、「智《ち》」を能度《のうど》となすべきである。

信ずることによって、よく悟りの世界に入ることができる。
智慧《ちえ》を得ることによって、
この迷いの此岸《しがん》から悟りの彼岸《ひがん》の世界へと渡《わた》っていくことができるのだ。
ゆえに、「智をもって能度となす」という。
悟りを得るためには、この「信」と「智」の二つが必要なのだ。

苦聖諦《くしょうたい》――霊天上界《れいてんじょうかい》から見て、この世の生存は苦しみであると知れ

あなたがたに、すでに、第一の法門《ほうもん》としての「信解脱《しんげだつ》」を、私は説いた。しからば、第二の法門であるところの「慧解脱《えげだつ》」とは、何であるか。「智慧によ
る解脱」とは、いったい何であろうか。その内容は、深く、高く、広いものである。
まず第一に、「一切《いっさい》は無常《むじょう》である」ということを知りなさい。あなたがたが生き
ているところの、この三次元の世界において、常なるものは何一つない。常住《じょうじゅう》なる
ものは何一つない。

あなたがたが生きているところの、その環境《かんきょう》であっても、日々変化し、日々に壊《こわ》れていくものである。あなたがたの肉体も、やがて老いを迎《むか》え、死を迎える。あなたがたの親しい人たちも、両親も、きょうだいも、友人も、妻も、子供も、やがて、秋の枯《か》れ葉のごとく、病《やまい》となり、この世を去ることとなる。

この世において、確たるものとして、確固たるものとして、常住なるものとして、不変なるものとして、永続できるものは、何一つないのである。さすれば、「無常」をこそ、この世における真理だと思え。

すべてのものは、変化していくのである。変わらざるものは何一つない。あなたがたの思いとて、心とて、昨日《きのう》の思いと今日の思いは、同じではないであろう。今日、あなたがたが考えていることと、明日《あした》、考えていることは、同じではなかろう。

自分自身でさえ、「これが自分である」と、つかみ切ることができない。あなたがたの生命体とて、その魂《たましい》とて、心とて、肉体とて、日々に変化している。無常なのである。

しからば、無常なるものは、いかに見るべきであるか。

無常なるものは「苦《く》」である。「苦しみ」である。それは、この世的なる、世俗《せぞく》的なる意味において、人生が苦しいと言っているのではない。

「生《しょう》・老《ろう》・病《びょう》・死《し》」を含《ふく》むところの、この世における生存が苦しみであるのは、あなたがたの本来いた世界である霊天上界《れいてんじょうかい》、実相世界の目から見て、聖なる目から見て、聖者の目から見て、光の天使の目から見て、本来のあるべき姿から見て、苦しみであると言っているのである。

したがって、苦しみの真理という「苦諦《くたい》」は、この意味において、「苦聖諦《くしょうたい》」ともいわれる。「無常なるものは苦であり、苦なるものは無我《むが》である」――それを、あなたがたは知らなければならない。

「無常《むじょう》なるものは苦《く》であり、苦なるものは無我《むが》である」と悟《さと》れ

無常《むじょう》なるもの、変化するもの、苦しみを内包しているもの、

それが、どうして本来の自分自身であろうか。
信頼《しんらい》に足る自己であろうか。
本来の自己、真実の自己とは、「永遠の自分」でなくてはならないはずだ。

さすれば、この世において、無常の世において、苦しみの世において、
「無常なるものは苦《く》である」という世の中において、
苦なるものは、また「無我《むが》」なるものである。
それは、あなた自身の本来のあり方ではない。
本来のあなたではない。
そのように変化するあなたは、あなた自身の真なる姿ではない。
あなたがたが真に求め続けていた自己ではない。
そして、あなたがたが執着《しゅうちゃく》をするところの一切のもの、
物質も、肉体も、財産も、地位も、名誉《めいよ》も、

この世の一切合財《いっさいがっさい》は、わがものと言えるものは何一つない。
「われなく、わがものなし」――それが、真実の世界の姿であるのだ。
そう悟《さと》ったときに、一切の執着は断《た》つことができるのだ。

よくよく言っておく。
慧解脱の法門においては、
「無常なるものは苦であり、苦なるものは無我である」と、
まず悟るべきである。

縁起《えんぎ》の法――この世の存在すべては縁起によって成り立つ

さすれば、その無常、苦、無我の世界において、そこに仮に存在しているかに見えるあなたの存在は、いったい何者であるか。あなたの住《じゅう》しているところの世界は、いったい何であるか。その家は、その会社は、その世界は、この建物は、いったい

何であるか。

それを「仮我《けが》」という。仮《かり》のわれ。仮の存在である。仮の存在が、なぜ現れているか。なぜ、それが実体あるものとして思われるか。

そこで、あなたがたは「縁起《えんぎ》」という言葉を知らなくてはならない。この世において存在するものは、あなたがた自身、あなたがたの周りの世界、すべてが縁起によって成り立っているのである。

縁起の世界とは、大きく分けて二つの意味を有している。

①空間縁起——すべてのものは共に依存《いぞん》しながら成立している

一つの意味は、「あなたがたはすべて、自己独立では存在することができない。この世の中のものはすべて、相依《あいよ》って、共に依存《いぞん》しながら成立している」ということなのだ。

あなたがたの肉体一つを取ってみても、さまざまなる細胞《さいぼう》が相集《あいあつ》まって、あなたがたをつくっているはずだ。人間という言葉が「人《ひと》の間《あいだ》」という意味であるように、あなたがたが人間であるためには、また、他人《たにん》の存在が必要である。家庭が必要である。仲間が必要である。同時代にこの地球で生きている人たちの存在が必要である。さらに、動植物の存在が必要である。

そのような、一切の他のものの存在によって成立しているあなたがたは、仮の存在である。これが、「すべては縁起である」と言われる理由の一つである。これは空間的なる観点から見た縁起である。

②時間縁起――過去あって現在があり、現在ありて未来がある

もう一つは、時間的観点、縦の流れにおける「縁起の理法《りほう》」である。現在のあなたがたが今あるは、今、忽然《こつぜん》としてあるわけではあるまい。

過去あって現在があり、現在ありて未来がある。すべて、「因《いん》」があって「果《か》」がある。そのなかに、また「縁《えん》」というものもある。「因・縁・果」――この三つが、

あなたがたの人生の流れを、人類の歴史をつくっているのである。

今、あなたがたが、この東京ドームに集《つど》うためには、このドームに集うための縁が必要であったであろう。

例えば、自分が幸福の科学の会員であるか、会員を家族に持っていたか、友人として持っていたか、あるいは、書店で書籍《しょせき》を見て、私の下《もと》に集い来たったか、何らかの縁があって、あなたがたは、このドームに来たのである。縁があって、この場に今集っているという結果――果がある。

そして、この結果は、あなたがたが、今、私の話を聴《き》いているという、この結果は、単なる結果ではなくて、また次なるものの縁となる。

今日、私の話を聴いたならば、
あなたがたの心のなかには、
必ずや、「神仏の光」というものが投げ込《こ》まれたはずである。

この講演を聴く前のあなたと、聴いた後のあなたとでは、
同じ人間ではないのだ。

この講演を縁として、あなたは違《ちが》う人間になる。
まったく別人となるであろう。
心は一転し、悟りへの道に入《はい》るならば、
そこには、まったく別の世界が現れるであろう。
あなたがたの心のなかに、そのような仏法真理の種がまかれたときに、
あなたがたが帰るところの、家庭において、職場において、
その世界は変わってくるであろう。
あなたがたが悟りの道に入ったということによって、その縁によって、
あなたがたの周りの世界も、また変わるだろう。
その結果が、また次なる縁［起］になるであろう。

縁〔起〕が、縁已生法《えんいしょうぼう》を生み、縁已生法が、また縁〔起〕を生む。
「縁已生法」とは、縁〔起〕によって已《すで》に生まれた法という意味である。
この法は、「教え」という意味ではなく、「存在」という意味である。
この世にありとしあらゆる存在は、縁〔起〕によって生じ、
縁〔起〕によって生じたるものが、縁已生法となって、
次なる縁〔起〕となり、また果を生む。
この無限の繰《く》り返しが、あなたがたの人生のすべてと、
この世界をかたちづくっているのである。

「愛」と「修行《しゅぎょう》」を通して、人生と世界は変えていける

さすれば、この縁起の思想をいかに活《い》かすか。
「空間縁起」――すべては相依《あいよ》って存在するという考えを、

あなたがたは「愛」の思想として使いなさい。
人を愛し、愛満てる世界とするために、その思想を使いなさい。
「時間縁起」――縁〔起〕から果が生まれて、
その連続が世界をつくっていくというこの縁起の理法を、
あなたがたの「修行論《しゅぎょうろん》」の中心としなさい。
あなたがたの人生が発展していくための核《かく》の思想としなさい。

人生は変えていくことができる。
宿命論や運命論、また偶然論《ぐうぜんろん》は、正しい考え方ではない。
あなたがたの心で、行いで、日々、決定しているものが、
明日《あす》のあなたをつくるのだ。明日の人生をつくるのだ。明日の世界をつくるのだ。
そのことを知らなくてはならない。

よいですか。

悟りの時代は、この信解脱、慧解脱の二法門から始まるのです。

今日《こんにち》、ただいま、今この場より、悟りの道に必ず入ってください。

それが、私があなたがたの前に姿を現したということの意味です。

第5章

空《くう》と阿羅漢《あらかん》

1　阿羅漢《あらかん》とは何か

今日は、あなたがたに、仏弟子《ぶつでし》にとって最も大切な話をいたしましょう。「阿羅漢《あらかん》」という言葉は、確かに、日常の生活では聞かない言葉です。しかし、いったん悟《さと》りを求めて修行《しゅぎょう》の道に入った人間にとっては、忘れようと思っても、決して忘れることのできない言葉であるのです。

では、その阿羅漢とは、いったい、いかなる意味を有している言葉なのでしょうか。それを分かりやすく語るとするならば、すなわち、「悟りたる者」「目覚めたる者」という意味であります。

では、この「目覚め」とは、いったい何を意味するのでしょうか。何が目覚めていない状態で、何が目覚めている状態なのでしょうか。何を捨てて、何を選び、何に気がついたならば、あなたがたは、「目覚めた」と言えるのでしょうか。「悟った」と言えるのでしょうか。

確かに、その道は広く、奥深《おくぶか》く、そしてまた高いものです。それを一言《ひとこと》で言うのは、極《きわ》めて難しいことなのです。

しかしながら、悟りたる者、目覚めたる者としての阿羅漢を、あなたがたに分かるような言葉で、簡単に説明するとするならば、それは、この三次元という、私たちが現在生きているところの物質世界、すなわち、私たちが肉体を持って生きており、そしてまた、さまざまな物質によって出来上がっているところの、縦・横・高さのある、この三次元世界のなかにおいて、「物質的なる考え方、肉体的なる思いというものを捨て去って、真実の霊的《れいてき》なる世界のものの見方・考え方に立つ」ということです。

2　釈迦《しやか》の説いた「無我《むが》」の思想とは

「苦しみの根っこ」とは何か

そのためには、大切なことがあります。

人間は、肉体を持って生きている以上、この肉体から現れてくるところの「眼《げん》・耳《に》・鼻《び》・舌《ぜつ》・身《しん》・意《い》」という六根《ろっこん》、六つの感覚器官、意識による作用に惑《まど》わされてしまうのです。

眼《め》で見たもので、耳で聞いたもので、鼻で嗅《か》いだもので、舌で感じたもので、手で触《ふ》れたりして皮膚《ひふ》で感じたもので、そして、頭脳で「こうだ」と思ったものによって、さまざまなる判断をします。いろいろな出来事を、いろいろな人を、その感覚器官を通じて、さまざまに判断します。そうして生きていくなかで、苦しみというものが生まれてまいります。

その「苦しみ」とは、いったい何でしょうか。それは、肉体に基《もと》づくところの、肉体から発生するところの、六根から現れてくるところの、「渇愛《かつあい》」とでも言うべきもの。喉《のど》の渇《かわ》きのごとく、あなたがたが、欲《ほ》しくて欲しくてしかたがないと思う、その渇愛、タンハー（tanhā）が、実は、あなたがたの苦しみの因《もと》であるのです。

求めても求めても満たされない気持ち、それを苦しみといいます。

その苦しみを断《た》つためには、苦しみの根っこを探さねばなりません。苦しみの根っことは、いったい何でしょうか。六根煩悩《ぼんのう》――六根によるところの悪《あ》しき精神作用は、いったい、いかなるところから生まれてくるのでしょうか。

そう、それは、みなさまがたが最も当然だと思い、当たり前だと思っているところの、「自分」という視点・見方・考え方から、実は始まっているのです。

それぞれの人間が、まず、自分のことを考える。自分の要求を考える。そして、それを満たしたいと思う。それぞれの人が、それぞれに、肉体に基づくところの自己意識から、求め、求め、求め、そして満たされない苦しみを味わいます。そうです。苦しみの根源は、まさしく、その己《おのれ》なるもの、自分なるもの、自我なるものから、発生しているのです。

執《とら》われの自己を放ち去る「無我《むが》」の思想

ごく当然に本能のままに生きていくなかに、その思いが遂《と》げられず、手に入れられないものに対する「執着《しゅうちゃく》」を生みます。執着とは、それに心が執《とら》われて離《はな》れないことです。その離れない心が、苦しみを生みます。

そうして、だんだんだんだん、心というものが、黒い想念の曇《くも》りによって覆《おお》われるようになります。思うこと、なすことの一つひとつが、暗黒の思想に染まり、人々への敵意、害意、憎《にく》しみ、怒《いか》り、愚癡《ぐち》、不平不満、足ることを知らぬ欲望、こうしたものでいっぱいになって、「自分はなぜ、これほどまでに不幸であるのか」ということを考えます。そのままにいったなら、この世の中は、不幸な人で満ち満ちることになるのです。
そうです。今から二千六百年の昔に、釈迦《しゃか》（釈尊《しゃくそん》）が人々に教えた「無我《むが》」の思想とは、その執われの自己を放ち去ることであったのです。

あなたがたは、自分をかわいいと思う。
そのかわいいと思う自分が、
自分自身に縛《しば》られることによって、
肉体的なる自己意識に縛られることによって、
残念なことに、その正反対に、自分自身を苦しめ、
不幸のどん底に落とすことになっている。
そうであるならば、あなたがたは、その思いを捨ててはどうか。
「自分が自分が」「私が私が」「俺《おれ》が俺が」と思うその心、
それは、本当に、あなたがたを幸福にする心であるのか、思いであるのか。

そう思った結果が、あなたがたは、
決して満たされることのない世界へと行ってしまうことになるのではないか。
さすれば、あなたがたは、自分自身を真に愛するためにも、
「無我」ということを心に留《と》めなさい。
我《われ》なるものは、実は無いのである。
そう思いなさい。
――そう釈迦は教えたのです。

あなたがたが自分自身だと思っているのは、
実は、先ほどから述べているように、
眼《め》の感覚、耳《みみ》の感覚、鼻《はな》の感覚、舌《した》の感覚、手の感覚、
その他、神経作用――肉体に基づくさまざまな反応によって、
幸・不幸を、快・不快を感じているだけなのです。

それをいったん断ち切りなさい。
それが、「無我」の思想であったのです。

3　唯物論化《ゆいぶつろん》した「無我《むが》」と「空《くう》」

釈迦没後《しゃかぼつご》、「無我」の思想が無霊魂説《むれいこんせつ》にすり替《か》えられた

釈迦《しゃか》在世の当時には、この「無我《むが》」の思想と、「空《くう》」の思想というものは、ほとんど同義において使われておりました。「無我即空《そく》」「空即無我」――「無我」と「空」は、同じような使われ方をしていたのです。

ところが、釈迦没後《ぼつご》百年、仏教教団は大きく二つに分かれました。これが「根本《こんぽん》分裂《ぶんれつ》」といわれるものです。それによって、「上座部《じょうざぶ》」という宗派《しゅうは》と、「大衆部《だいしゅぶ》」という宗派に分かれました。

上座部というのは、厳格に釈迦時代の戒律《かいりつ》を守って生きていこうとする考え方を持った団体であり、大衆部というのは、非常に進歩的で自由な気風を持った団体です。

この二派に分かれ、さらに、この二派が十八に分かれ、さらにまた二十に分かれて、分裂していきました。こうした、分裂した仏教教団の時代を、「小乗《しょうじょう》の時代」といいます。小さな乗り物、小さなとらわれの段階にある仏教教団でありました。その時代に、先ほど私が語った、釈迦の「無我」の思想が、なんと、まったく違《ちが》った意味に取られていきました。

「我《われ》」なるものを、インドの言葉ではアートマン(ātman)といいます。「アートマンなるものはない――アナートマン(anātman)が、釈迦の説いた説であるならば、自我なるものはない」とされ、インドの言葉において、アートマンというのは、「自我」という意味と同時に「魂《たましい》」という意味をも持っておりますから、釈迦没後、二、三百年たった、その小乗の時代に、釈迦の無我の思想が、なんと、「死ねば、その後《のち》に残るものなど何もない」という思想に、すり替《か》えられていったのです。

そして、ここに無霊魂説《むれいこんせつ》というものが出てきます。「魂なるものはない。人間は、死んだら、それで終わりだ。そういう悟《さと》りを釈迦は教えたのだ」という思想が出てきました。

これは大変なことです。

そういう考え方をしている人であるならば、今、みなさまがたは、日本国中、どこででも会うことができるでしょう。「人間は死ねば終わりである。焼かれて煙《けむり》になり灰になれば、もう終わりである。死後の世界はない。魂などない」

――そういうことを言っている方など、いくらでもいます。日本中にいます。

しかし、それが悟りでしょうか。

釈迦の開いた悟りとは、そのような思想だったのでしょうか。
今の日本人のほとんどが持てるような思想を、彼は悟ったのでしょうか。
そんなはずはありません。

霊的《れいてき》なるものの見方を内に秘《ひ》めていた「空《くう》」の思想

そこで、紀元前後、釈迦没後五百年近い歳月《さいげつ》が過ぎたころ、大乗《だいじょう》仏教の運動が起きました。小乗仏教のなかでは、そのような形式的なものの考え方をして、本来の悟りが失われ、人々を救う力が失われたので、大乗運動が起きました。その大乗の中心になったのが、「空《くう》」の思想です。

先ほど言ったように、「無我」と「空」とは、釈迦在世中には、同じ意味を帯びた言葉でした。しかしながら、小乗の時代に、無我の教えが、まったくの唯物論《ゆいぶつろん》に近い見解に流れていったので、大乗の段階においては、この無我思想を打ち砕《くだ》くために、特に、無我思想を強調していたところの「説一切有部《せついっさいうぶ》」という部派の考えを打ち砕くために、「空」という思想を前面に出してきました。
この「空」の思想のなかには、非常に霊的《れいてき》なる意味があったのです。

ところが、現代の日本では、
大学の仏教学科、宗教学科へ行ってごらんなさい。
「無我の思想とは、霊魂がないことである」と教えている。
「空の思想とは、死ねば何もかもなくなることである」と言っている。
「一切《いっさい》がなくなることだ」と教えている。
間違った無我思想とまったく同じことになっている。
唯物論になってしまっている。
こんなところで教えている人、そこで学んで僧侶《そうりょ》をやっている人たち、
すべて仏教徒にあらず。釈迦弟子《でし》にあらず、仏弟子《ぶつでし》にあらず。
あなたがたは考え違いをしている。

そんなことを「悟り」と言うはずがあろうか。
霊的なる世界を自覚することなくして、悟りなるものはなかったのです。
そう、空の思想とは、そのように、
霊的なるものの見方を、その内に秘《ひ》めていたものであります。

4 「空《くう》」とは何か

龍樹《りゅうじゅ》の「空」の思想①——肉体感覚に基《もと》づく考え（有《う》）と、それを夢幻《ゆめまぼろし》と見る見方（無《む》）の両者を否定

空《くう》の思想で有名なのは、紀元二世紀ごろのインドに出て、大乗《だいじょう》仏教の中興の祖となり、そして、その後、さまざまなる宗派《しゅうは》の宗祖になったという意味で、「八宗《はっしゅう》の祖」ともいわれている、龍樹《りゅうじゅ》、ナーガールジュナ（Nāgārjuna）という方です。こ

の方の「空」の思想というものが有名です。

この方は、空という思想をいかに説いたか。先ほど述べたように、「肉体感覚に基《もと》づいて、この世の物事すべてがある」という考えを、「有《う》」の立場とし、それを否定した立場、「そんなものはない。すべて夢幻《ゆめまぼろし》だ」という見方を、「無《む》」の立場だとするならば、龍樹は、「空とは、この有と無の両辺を離《はな》れたるところの、その中《なか》なる道にあるものである」ということを教えました。

肉体感覚によって感知され、この世での常識的なる感覚に映《えい》ずるところの物質、物体、それも確かに存在しているように見えます。感じられます。生きている以上、そう無視することはできないものです。これも一通りの真理ではあります。これを、龍樹は「世俗諦《せぞくたい》」と名付けました。

世俗とは、この世のことです。諦とは、真理という意味です。サティア（satya）といいます。これが世俗諦（「俗諦《ぞくたい》」ともいう。この世的真理）、この世的なる真実、有の立場です。

これに対して、これを否定する立場、世俗的なる事柄《ことがら》、この世的なる物質や肉体、このようなものは本来はないと否定する立場、この無の立場、霊的《れいてき》な立場を、彼は、「第一義諦《だいいちぎたい》」（「勝義諦《しょうぎたい》」「真諦《しんたい》」ともいう。あの世的真理）、第一の意味、そのような真理というふうに説きました。

この有と無の立場、世俗諦と第一義諦、この二つは共に真理であるが、三次元で生きている私たちは、この両者を無視することはできない。この両者の中なる道――世俗諦のなかにも、第一義諦のなかにも、「この世的なる霊的生活」という真理はないという立場、この立場を、彼は「空」と呼びました。

有でもなく、無でもない、その中なる道を、「空」と呼んだ。そして、その空こそ「中道《ちゅうどう》」であると説きました。

龍樹《りゅうじゅ》の「空《くう》」の思想②――八不中道《はっぷちゅうどう》（八つの否定によって現れる境地）

さらに、彼は言葉を換《か》えて、この「空即中道《くうそくちゅうどう》」「中道即空」の教えを次のようにも説きました。

空なるものは、否定を通して現れるものである。いかなる否定か。いかなる極端《きょくたん》の否定によって現れるか。釈迦《しゃか》は何を否定して空を悟《さと》ったのであろうか。それを考えたときに、まず、「不生《ふしょう》・不滅《ふめつ》」、生まれることなく、滅することのないもの、それが空である。

「不常《ふじょう》・不断《ふだん》」（この逆の「不断・不常」もよく使う）、常なるものでもなく、断ぜられるものでもない。

さらに、「不一《ふいつ》・不異《ふい》」、一《いつ》なるものでもなく、異なるものでもない。異なるとは、多様なる姿という意味です。一つでもない、複数でもない、それが空である。

「不来《ふらい》・不去《ふこ》」（「不来・不出《ふしゅつ》」ともいう）、来るものでもなく、去るものでもない。

「不生・不滅」

「不常・不断」

「不一・不異」
「不来・不去」
——この八つの否定を、「八不《はっぷ》」といいます。

そして、そこに現れる中なる道を、「八不中道」といいました。この八つの否定によって現れる境地、この中道の境地を、彼は空の真髄《しんずい》と見ました。

八不中道《はっぷちゅうどう》の真なる意味を解き明かす

現代の仏教学者は、これを仏教論理学として捉《とら》えています。仏教論理学として捉える以上、この八不中道《はっぷちゅうどう》の意味は永遠に分かりません。いくら論理学を駆使《くし》しても、この否定の意味が分からないのです。

この「八不」の意味を、幸福の科学的真理において解き明かしましょう。

生まれることなく、滅することのない、「不生・不滅」とは何であるか。
生き通しの命ではないか。

「不常・不断」、
そのまま、永遠に、そのままの姿であるものではない。
されども、しかれども、死ぬことを通して、すべてが無になるものでもない。
それは、いったい何なのか。
それこそ、霊的生命にほかなりません。
死後の世界では、あなたがたは、霊体《れいたい》として、生命を持ち、生活をします。
しかし、その世界は、この三次元の世界とは違《ちが》います。
あなたがたは、食べ物を食べなくとも生きることができます。
空を飛ぶことができます。
思ったところに現れることができます。

壁《かべ》を通り抜《ぬ》けることができます。
自由自在の世界です。
このままの姿が永遠に続くわけでもなく、
死ねばなくなるわけでもありません。
これを、「不断・不常」「不常・不断」――このようにいいます。

さらに、「不一・不異」、
一なるものでなく、多なるものでもない。
これは、いったい何であるか。
それこそ、生命の神秘そのものであります。
あなたがたは、自分を一人の人間だと思っているが、
一人であって一人ではない。
あなたがたの魂《たましい》の奥底《おくそこ》、潜在《せんざい》意識のなかには、

「魂のきょうだい」という生命が生きている。
原則、「本体一・分身五」の、六人の魂グループが一体となって生活をしている。
そのなかの一人が、地上に生まれ、肉体に宿っている。
これが「不一・不異」。
一なるものでもなく、異なるものでもない。
一でもなく、多でもないとは、このことをいう。生命の神秘です。

さらに、「不来・不去」、
来るものでもなく、去るものでもないとは何か。
あなたがたは、「霊界《れいかい》」という世界を、はるかなる遠い世界だと考えがちです。
阿弥陀《あみだ》の世界、西方浄土《さいほうじょうど》と考えがちです。
しかし、霊界とは遠い彼方《かなた》にある世界ではありません。
ここ（この世）をはるかに去った世界ではありません。

現在ただいま、
みなさまがたがいるそこに、ここに、その心のなかにあるのです。
天台智顗《てんだいちぎ》が言ったとおり、「一念三千《いちねんさんぜん》」――。
心の世界は、そのまま菩薩《ぼさつ》の世界、如来《にょらい》の世界に通じ、
はたまた地獄《じごく》の世界、畜生《ちくしょう》の世界にも通じています。
そうです。これが、来ることもなく去ることもない世界の説明なのです。
現在ただいまが、霊界世界そのものである。
そこにいる世界（この世的時空間）こそ、
その世界（あの世的時空間）なのである。
（現象界《げんしょうかい》即霊界、霊界即現象界）

この八不中道の思想は、
実に、私たちの永遠の生命と、

その永遠の生命が生活しているところの霊的実相世界の秘密を解き明かしているのであります。

空《くう》とは、この世とあの世の両者を眺《なが》め、融合《ゆうごう》しながら生きていく境地

もう一度、言います。


「不生・不滅」

「不常・不断」

「不一・不異」

「不来・不去」

――「八不中道」即《すなわ》ち是《こ》れ「空《くう》」。


空とは何ぞや。

空とは霊的生命なり。空とは霊的生活なり。

霊的なる生命が、物質と霊界とが共存しているところのこの世界のなかにおいて、この世的なる仮の真実を、完全なる真実と見るのでもなく、この世を去った世界を、完全なる真実と見るのでもなく、その両者を眺《なが》めながら、包含《ほうがん》しながら、融合《ゆうごう》しながら、そのなかに生きていく境地こそ、「空」である

――と教えたのです。

5 「空《くう》」は阿羅漢《あらかん》の悟《さと》りに到《いた》る法門《ほうもん》となる

そうです。空《くう》とは、そのようなものです。

空とは、虚無《きょむ》主義、ニヒリズムではありません。唯物論《ゆいぶつろん》ではありません。何もかもなくなるという意味でもありません。

また、この世をすべて肯定《こうてい》する思想でもありません。
霊的《れいてき》なるものと物質的なるものとを調和させながら見ていく思想、それが「空」。

執《と》らわれることなく、流動的立場、「縁起《えんぎ》」のなかに、すべては流れている。
「空」は即《そく》、「縁起」であり、
「縁起」はまた「空」であり、
「空」は「中道《ちゅうどう》」である。
そう、すべては、「諸行無常《しょぎょうむじょう》」——変転変化《へんてんへんか》のなかに、
その縁起の法のなかに、「空性《くうしょう》」なるものは見いだすことができる。
そこに人生の真実がある。
諸行無常のなかで、一切《いっさい》の執われから離《はな》れて生きること、
それが、阿羅漢《あらかん》の悟《さと》りに達したということであるのです。

「空」は、かくして阿羅漢に到《いた》る法門《ほうもん》となり、
阿羅漢は、かくして「空」なるものを示すことになるのです。

（法剣《ほうけん》で十字を切りながら）
ライト！　クロス！
ライト！　クロス！
エル・カンターレ　ファイト！

第6章

ネオ・ジャパニーズ・ドリーム

1　科学や経済の発展のなかで失ったもの

今日（十二月二十三日）は、一九九三年の終わりを迎《むか》えるに当たって、「過去三年間、私たちが『ミラクル計画』としてなしてきたこと」、そして、「これからの三年間になさんとしていること」、さらには、「それより後《のち》、この日本を、そして世界を待ち受けている運命に対して、いかに立ち向かうべきであるかということ」、そのようなことを念頭に置きながら、あなたがたに話をしたいと思う。

考えてもみよ。われらが、この三年の間、「ミラクル計画」としてなしてきたことは、何であったか。

それは、時代への警鐘《けいしょう》そのものであった。それは、警鐘そのものであると同時に、また、未来への福音《ふくいん》でもあった。

しかし、あなたがたが、この三年の間に、日本を、世界を、見渡《みわた》したときに見たものは、いったい何であったか。

旧《ふる》い共産主義体制の崩壊《ほうかい》、確かにそれも見たであろう。戦争、それもあったであろう。さらには、経済的苦境、世界同時不況《ふきょう》ともいうべきものが起き、今もなお、それは、あなたがたのなかを突《つ》き進んでいる。

そうして、おそらくは、「不況」という言葉では終わることのない現実が、信じられない現実が、おそらく目の前に現れてくるであろう。それは、不況を通り越《こ》して、「世界恐慌《きょうこう》」への道を歩んでいるように、私の目には見える。

心せよ。心せよ。

今、時代が深い深い谷間に下《くだ》りつつあることを、心せよ。

しかし、すべては偶然《ぐうぜん》に起きるわけではない。

しかるべき原因があって、そのような結果が出ている。

二十世紀という世紀は、確かに、
素晴《すば》らしい科学の世紀でもあり、
素晴らしい経済的発展の世紀でもあったが、
その長所の裏に、私たちが失ったものがあった。
科学あって、心なし。
経済あって、同じく心なし。
このような状態が続いていたのだ。

2 「科学文明と経済の驕《おご》り」がもたらす大陸の陥没《かんぼつ》

アトランティス大陸の陥没のときと似ている現代
私は知っている。

そのような時代が、かつてもあったことを――。

それが、あなたがたが、かすかに耳にしている、

「アトランティス」という名の大陸で起きたことであったことを――。


一万年余りも前のことになる。

その当時も、科学文明は現代に近いところまで来ていた。そして、経済も発展し、あなたがたが、今、経験していないような、優《すぐ》れた制度や文化も持っていた。

しかし、そのアトランティスは、最期《さいご》の日、一日《いちじつ》にして海中に没《ぼっ》した。

そのときに逃《のが》れたる者は、当時、私が霊天上界《れいてんじょうかい》にあって地上に派遣《はけん》した、神の言葉を伝えていた預言者たちの言葉を信じた人たちだった。

現在、大西洋として広大な海が横たわっているが、彼らは、そこにあった大陸から、そのアトランティスの地から、あるいはアメリカへ、あるいは南米の地へ、あるいはエジプトの地へと、逃れていった。大きな文明が終わったあと、その人たち

が散らばって、新たな文明を起こしたのである。

されども、このアトランティス大陸の陥没《かんぼつ》は、「現在がその時代に似ている」という私の言葉を前提に考えるならば、その後、人類を偉大《いだい》なる高みから谷底へと落とし、元の高みまで戻《もど》るのに一万年もかかるような、大きな後退であったことを、あなたがたは忘れてはならない。

神の言葉を信ずるかどうかが試《ため》されている人類

その最期のときに、神は、みすみす人類を見捨てたのではない。その一千年も前から、何度も何度も光の使者を地上に送って、「あなたがたは悔《く》い改めなさい」と言い続けてきた。

されども、科学文明と経済に驕《おご》って、彼らの言うことを信じず、むしろ、その正反対の悪魔《あくま》、当時、ベリアルといわれていた悪魔を神だと信じて、怪《あや》しげなる超能《ちょうのう》力信仰《りょくしんこう》をし、人々を狂気《きょうき》に陥《おとしい》れた、そういう宗教的な力があった。

そちらを信ずる者が数多くなり、ましてや、次々と地上に送った光の天使たちを迫害《はくがい》し、大量殺戮《さつりく》を行うに及《およ》んで、神は最後の引き金を引いた。それが大陸の陥没である。

その前に、心ある人たちには、「南へ逃《に》げよ、西へ逃げよ」、あるいは「東へ逃げよ」と教えてはいた。

そうしたことがあった。

そのアトランティスの末期に生きていたのは、現在のあなたがたであり、また、ヨーロッパやアメリカやその他の国に、今、生きている人たちである。

同じような時代が再び巡《めぐ》ってきたときに、魂《たましい》の学習のために、その時代に生きていた魂たちが、また大挙して地上に生まれてくるのだ。

今、生きている数多くの人たちは、同じような世紀末を迎《むか》えるに当たって、神の言葉を信ずるか、悪魔の言葉を信ずるか、心なき科学のみに走るか、心なき経済のみに走るか、それを試《ため》されている。

どちらを取るかは、二つに一つである。

その結果は、悲惨《ひさん》なる未来から、黄金の未来まで、非常に幅《はば》のあるものとなっている。

3　経済至上主義という悪《あ》しき信仰《しんこう》

経済至上主義で滅《ほろ》んだフェニキアと似ている日本

日本でも、一九九一年、二年、三年と、世相を見れば、次々と起こる天変地異、これを見れば、どうやら、今、天意がどこにあるかが、あなたがたにも分かるはずだ。

幸福の科学が出現し、警鐘《けいしょう》を鳴らしたが、気づいた者あり、気づかぬ者あり。その結果、一部には「希望」が、そして、他の部分には「闇《やみ》」が広がっている。

今の日本と同じような時代を、もう一つだけ挙げるとするならば、紀元前、地中海の近くにあったフェニキアという都市が、今の日本によく似ている。通商国家であり、貿易で生きていた商業の民《たみ》であった。

そのフェニキアの民は、バアル信仰《しんこう》というものをしていた。バアルというのは、いわゆる商業の神ではあるけれども、悪《あ》しき商業の神、経済至上主義、拝金主義の神である。

そのバアルの言葉のもとは何であるか、あなたがたは知っているか。それがベリアルであり、それはベルゼベフという意味である。

ベルゼベフとは、四十日四十夜《よんじゅうにちよんじゅうや》、イエスを試みに遭《あ》わせた悪魔《あくま》である。地獄界《じごくかい》のナンバーツーと言ってよい。その悪魔である。
これを、当時のフェニキアの人たちは信じていた。その結果、やがて「滅《ほろ》びの門」をくぐることになった。

私はあなたがたに言う。
戦後の日本は、確かに経済的発展はあったかもしれない。
そして、その半世紀にわたる歴史を、
あなたがたは「宗教のない時代である」と、「信仰のない時代である」と、
思っているかもしれない。
確かに、唯物論《ゆいぶつろん》的な面はあったであろう。
けれども、その内容を見るや、
姿を変えたバアル信仰そのものであることが分かる。
人の心の価値を考えず、神仏のことを考えず、

経済至上主義に走った結果、
そのような悪しき信仰を立てた結果、
世紀末、このありさまである。

宗教なくば、政治、経済、科学等には何の値打ちもない

今、私は、科学が悪いとも、経済が悪いとも、政治が悪いとも言わない。
しかし、その上に立つべきものがあるであろう。
それがなかったら、何の科学ぞ、何の経済ぞ、何の政治であるか。
「政教分離《ぶんり》」などという技術的なことを考える法律家もいるけれども、
政治と経済、あるいは宗教、科学、こういうものは、
水平的に分けられているものではなかった。
まず宗教があった。
神の念《おも》いを、理念を、伝えるものがまずあって、

それを具体化するために、さまざまなる地上的なる技術が生み出されたのだ。医療《いりょう》もそうである。政治システムもそう、経済システムもそう、さまざまな文化も、みなそうである。

対等のものではないのだ。

宗教がなかったら、それより下にあるものに何の値打ちもないと言ってよい。

そのような状態で、五十年間、日本人は生きてきたのだ。
その結果、ひとつの繁栄《はんえい》を見せはしたが、
逆に、全世界から見れば、世界のなかの異端児《いたんじ》のままになっている。
このままでは、滅びに至る門をくぐることになる。

4　地球的仏法真理《ぶっぽうしんり》によって、すべてを統合する

繁栄《はんえい》のために驕《おご》りに至っている人類に求められる「悔《く》い改め」

ただ、幸いなことに、私の言葉を聞き、信ずる人が、日増しに増えている。これは、一つの希望ではある。一つの福音《ふくいん》ではある。

しかし、残念ながら、この世紀末の闇《やみ》を消すには、光の力がまだ足りない。この三次元において、光をもっともっと結集しなくては、世紀末の闇を粉砕《ふんさい》することは難しい。

その理由を述べよう。

私たちは、この地球の上で生命を持っているが、地球というものは、単なる土の塊《かたまり》ではない。地球には、手も足も、目も鼻もないように見えるが、この丸い球体

のなかに命が宿っている。地球そのものが生きているのだ。生きている地球の上で、髪《かみ》が生《は》えるように植物が生え、その生命から、地上の動物たちも生まれてきている。人間もまた、そのなかの一つである。五十数億の、全世界に広がっている人間が、その地球自体を、自身を、破壊《はかい》する方向に動いていたら、あなた自身がもし地球だったら、どうする。

それを許しておくか。放置しておくか。

世界各地に核《かく》兵器がある。この核兵器は、地球を何度も何十度も破壊するだけの力を持っている。地球から生まれた生命が、母なる地球自体を破壊することができる力を持っている。

これに対して、神のすることは何であると、あなたがたは思うか。

まずは警告である。

あなたがたは、間違《まちが》った生き方をしている。

●五十数億の……　説法当時。2020年統計では約78億人。

悔《く》い改めよ。

二十世紀の人類は驕《おご》っている。

その繁栄《はんえい》のために、驕りに至っている。

悔い改めて、神の前に謙虚《けんきょ》に生きなさい。

人を愛しなさいと教えたはずだ。

なぜ、奪《うば》うことばかり考える。

互《たが》いに愛し合え。

また、仏法真理《ぶっぽうしんり》というものを知って生きていけ。

霊界《れいかい》世界は必ずある。

そこから、人は生まれ変わって、生きているのだ。

なのに、なぜ、この世だけに目的を求める。

そして、さまざまな地に転生輪廻《てんしょうりんね》している仲間であるにもかかわらず、どうして民族主義の枠《わく》を超《こ》えることができないのか。

今、日本人に生まれていても、
過去は、アトランティス、アメリカ、中国、インド、
いろいろな地に生まれている。
今、他の地域に生まれている人も同じである。
なぜ憎《にく》しみ合う。
同じ神の子であろう。
なぜ憎しむ。

全人類を救う唯一《ゆいいつ》の道とは

「肌《はだ》の色の違いや、言葉の違いによって、宗教が民族を隔《へだ》てた」と、言う方もあるであろう。

確かに、歴史的にはそういう面もある。

しかし、今、幸福の科学は、「すべての宗教は、一つである。根源なるものから

現れてきている」ということを教えている。

幸福の科学の教えが、たとえ全世界に広がったところで、キリスト教がなくなるわけでもない。仏教がなくなるわけでもない。イスラム教がなくなるわけでもない。日本神道《しんとう》が、日本の神々の教えがなくなるわけでもない。中国の儒教《じゅきょう》がなくなるわけでもない。

天上界《てんじょうかい》から降ろされた教えは、すべて私と関係がある。それらの教えを降ろしたときに、立ち会ったことがある。指導したことがある。

その本人が、今、地上に現れて、エル・カンターレとして、あなたがたに、「諸宗教の統合・統一こそ、全世界人類を救う道である。唯一《ゆいいつ》の道である」ということを教えているのだ。

唯一なる法、地球的仏法真理によって、すべてを統合する。

民族の枠を超えよ。

地球人としての意識に目覚めよ。
そして、共に助け合って生きることを知らなくてはならない。
宗教の違い、肌の色の違い、言葉の違い、民族の違い、
このようなものを理由にしてはならない。
それらはすべて、あなたがたが、
地上でさまざまなる魂《たましい》経験をするために用意された環境《かんきょう》であるのだ。
それは、根本的な違いではなく、三次元における現れ方の違いにしかすぎない。
われらは、すべての宗教を超え、民族を超えて、
地球的仏法真理を説くべきときが来た。
この法が、世界の人々に信じられ、受け入れられることによって、
人類は、世紀末を乗り越《こ》えて、来世紀、新しい文明へと入っていけるのだ。

5　地球の闇《やみ》を追い払《はら》うことが人類の使命

これから後《のち》の世紀末にかけて、
いかなる戦争が起きるか、いかなる人心《じんしん》の荒廃《こうはい》が起きるか、
いかなる天変地異が起きるか、
言うに忍《しの》びない。

しかし、私は言っておく。
この世においてのみ、光と闇《やみ》は相対的である。
この世においてのみ――。
すなわち、この世においては、

光の勢力が増えれば、闇は衰退《すいたい》していくことになる。

地球自体が、大きな闇に、今、包まれているのだ。

この闇を追い払《はら》うは、人類の使命である。

正しき人間の使命である。

●天変地異は、
現在、核《かく》兵器を保有している国、および保有しようとする国に、
集中的に起きるであろう。

しかし、まだ起きていないうちは、人類の運命の変更《へんこう》は可能である。

不幸が人類を襲《おそ》う前に、わが言葉を伝えよ。

「憎《にく》しみを捨てよ」

「助け合うことだ」

「信じ合うことだ」

●**天変地異は**……　核兵器については、地球を破壊する力があることから地球意識より反作用が働くことを、理論上警告してきた。ただ、特に昨今の情勢を踏まえ、現実論として、中国や北朝鮮などの独裁的な専制国家に「核兵器を使わせない」という抑止力の観点から、日本が正当防衛の範囲で核装備をすることを肯定している。『世界を導く日本の正義』『愛、悟り、そして地球』(共に幸福の科学出版刊)等参照。

人類は、今、なすべきことがないなら、
愛と祈《いの》りによって、地球の平和を望むべきである。
そうしなくてはならない。
人類は、転生輪廻《てんしょうりんね》の思想によって、民族の枠《わく》を超《こ》えることができる。
いや、超えなくてはならない。
新しいこの地球的仏法真理《ぶっぽうしんり》によって、宗教の違《ちが》いを超えなくてはならない。
アトランティスの二《に》の舞《まい》だけは、二度と演じてはなるまい。

6　人類救済こそ、日本人の夢であれ

光の発信基地・日本においてユートピアの基《もとい》をつくる

今、言ったとおり、「ネオ・ジャパニーズ・ドリーム」といっても、私は、日本人だけのために現れたのではない。日本民族の利益のために現れたのではない。この日本は、あくまでも光の発信基地である。今、ここで、みなさまがたがユートピアの基《もとい》をつくらなければ、世界には未来がない。

エドガー・ケイシーは、今から半世紀以上前、アメリカにて、

「一九九八年、日本の本州の一部が海面から没《ぼっ》する」と予言している。
確かに、戦後五十年の、
日本人の心の荒廃《こうはい》、誤てる価値観、唯物論《ゆいぶつろん》、そして宗教の迫害《はくがい》を見るかぎり、
日本列島の一部が海面下に沈《しず》んでも、驚《おどろ》くに値《あたい》しない。

されど、私はあなたがたに言う。
もし、われを信ずる者、百人あらば、その町に、壊滅《かいめつ》的天変地異は起きまい。
われを信ずる者、この日本に増え続け、満ち満ちるならば、
日本列島の沈没《ちんぼつ》は止めてみせる。
あと、必要なのは、あなたがたの力だ。
助け合いの力だ。
信ずる力だ。
「同胞《どうほう》たちを救いたい」という、その熱意である。

●戦後五十年の……　説法当時。2020年時点で、戦後75年となる。

難しいことは何一つない。

人々よ、神を信じよ。
自《みずか》ら自身を、反省によって省《かえり》みよ。
そして、他の人を愛するのだ。
他の人のために生きるのだ。
それが、正しい生き方なのだ。
そして、ユートピアを、この地上につくろうではないか。
永遠のユートピアを、
霊界《れいかい》世界とつながった永遠のユートピアをつくろうではないか。
そのために、目覚めたる人が起《た》たねばならない。
目覚めたる人が結集し、人類の希望のための革命に起ち上がったならば、
この日本はおろか、全世界も救うことが必ず可能であると、

私は信ずるものである。

真理価値を中心として新たな文明を打ち樹《た》てよ

そのために、幸福の科学は、世界宗教への飛翔《ひしょう》を目指して、
一九九四年から、「ビッグ・バン計画」を開始する。

いざ、ビッグ・バンへ！
いざ、ビッグ・バンへ！
いざ、ビッグ・バンへ!!

いよいよ、全世界伝道である。
心せよ。
心強くあれ。

正しき者は、勇気を持ちなさい。
必ず希望は実現される。
あなたがたの夢は、これぞ、「ネオ・ジャパニーズ・ドリーム」である。
人類救済こそ、全人類の幸福こそ、日本の、日本人の夢でなければならない。
全世界を救うのだ。
この地に降りた光を中心として、光の文明を打ち樹《た》てるのだ。
来世紀は、真理価値を中心とした世界となるであろう。
真理価値を中心として、すべてのものが回っていく世の中となるであろう。
その新たな文明を打ち樹てるのだ。

いざ、ビッグ・バンへ！
いざ、ビッグ・バンへ！
いざ、ビッグ・バンへ!!

第7章

異次元旅行

1　古代インカの王、リエント・アール・クラウドの教え

今から七千年近い昔のこと──。

南米はアンデスの山のなかに、かつてアトランティス大陸の陥没《かんぼつ》から逃《のが》れ、新たな理想郷をつくるべく、この地に移り住んだ人たちの子孫《しそん》が、数千万の人数で一つの王国を築いていていました。

アトランティスの末期においては、人々は飛行船の技術を持っていましたが、七千年ほど前のこのインカの時代には、その飛行船の技術はもはや失われていました。

しかし、何千年か前の神話的伝説として、「われらの神は、かつて大西洋上にあったアトランティスという大陸から、空を飛んでアンデスの山中に渡《わた》ってきたのだ」というような話が伝わっていました。

当時の人々は豊かさに飽《あ》き、退廃《たいはい》の兆《きざ》しを見せ始めていました。そのころ、彼らはいまだかつて経験したことのない事態に見舞《みま》われたのです。

現在でもそうですが、このアンデスの山からは星々が美しく見えます。肉眼でも八千個に上《のぼ》る星を見ることができます。こういうところで生活している人たちが、星を見ながら暮らし、星の伝説をつくり、また天文学に凝《こ》っていたとしても、やむなしとするべきでしょう。

ところが、あるとき、夜空を見つめていたときに、人々は、流星ではないものが大群をつくって動いているのを見ました。

最初は、「新しい星ではないか」とか、「月ではないか」とか、いろいろなことが言われましたが、それらがあるときは空中で止まり、また動き出し、そして、山頂に降りてくるのを見たとき、人々は「これこそ神である。数千年ぶりに、神がわれらのもとを訪《おとず》れたのである」と口々に言い、その〝新しい神〟への崇拝《すうはい》を始めようとしました。

その当時、古代インカの王をしていたのは、私の魂《たましい》の兄弟であるリエント・アール・クラウドという人です。この人は宗教家であると同時に政治家であり、また、科学的なる知識をも有している人でした。

そのころのインカの人々は、空を飛ぶ技術を持っていなかったので、空を飛んでくるものを見て「神だ」と考えたのも、確かに無理からぬことではありました。

しかし、リエント・アール・クラウド王は、「空を飛ぶのが神であるというのならば、この祭壇《さいだん》の前の火の上に〝気球〟を浮《う》かべ、私も空に飛ばしてみよう」と言って、人々の前でアンデスの空高く〝気球〟を飛ばしてみせました。かつての飛行船のようには飛びませんでしたが、それでも空高く、銀色に光る丸い丸い気球は浮かんでいきました。

「空を飛ぶことをもって神とするならば、われらとて気球を空に飛ばすことはできるし、以前には、われら自身が空を飛ぶこともできた。また、はるかなる昔に、人類の一部は、あのような宇宙船に乗って地球に来たこともあるのだ。

したがって、空を飛ぶという科学技術のみをもって、善としてよいのではない。また神としてよいのではない。あなたがたは、真理を見る眼を持たねばならない」

彼は、そういうことを人々に説きました。

2 地球に来ている宇宙人たちの真実

今もまた、宇宙から数多くの来訪者がこの地球に来ています。

この日本は、宇宙人やUFO《ユーエフオー》（未確認飛行物体）に関し、非常に後進国です。研究は、はなはだ後《おく》れ、人々はそれをまだ迷信《めいしん》の一つと思い、〝宗教〟のなかにあるところの、いかがわしい部分と同一視するように考えているのではないかと思うのです。

しかし、世界各地には、今、数多くのUFO《ユーフォー》が飛来しています。そして、至るところで事件が起きつつあります。

今、地球に来ている宇宙人たちは●十数種類に達します。

そのなかで代表的なるものを挙げるとすると、一つは「グレイ」といわれる種類の宇宙人です。身長は一メートルぐらいで、子供ぐらいです。手足が長く、黒曜石《こくようせき》のような瞳《ひとみ》を持ち、つり上がった目をしています。彼らは探究心が旺盛《おうせい》です。数多くの地球人の体を調べたり、地球における政治の仕組みを調べたりしています。

ただ、彼らは体が小さいがために恐怖心《きょうふしん》が強いのです。その肉の身のままで地球の人々の前に現れたならば、地球人の腕力《わんりょく》でもって容易にその命を奪《うば》うことができるので、そう簡単には姿を現しません。

もう一つの代表的な宇宙人は、「レプタリアン」と呼ばれているものです。レプタリアンとは、「爬虫類《はちゅうるい》の」という意味の英語です。その名のとおり、彼らはまさしく爬虫類のような姿をしていますが、地上に現れるときには、その姿をストレートには現さずに、違《ちが》った姿で現れてきています。

●**十数種類**　説法当時の見解。その後の霊査《れいさ》・リーディングにより、地球に来ている宇宙人は主だったものとしては約20種類であり、トータルでは500種類を超えていることが判明している。『青銅の法』（幸福の科学出版刊）等参照。

　そして、姿だけではなく、その心も爬虫類に非常に似ています。彼らは肉食で、地球の哺乳類《ほにゅうるい》を食べます。ときには人間をも食べることがあります。

　かつてマゼラン星雲の星から地球に渡《わた》ってきた人たちもいます。人類と非常によく似ていますが、身長が少し高く、耳が尖《とが》り、尻尾《しっぽ》があります。

　また、プレアデスという星団からは、金髪《きんぱつ》で地球の白人そっくりの宇宙人が来ています。

　このように、現在は宇宙人たちが数多く地球に来ているのです。

　私はあなたがたに予言します。この日本にも、そう遠くない将来、ＵＦＯの大群が都市の上空に現れるでしょう。あなたがたはおそらく、彼らの宇宙船の姿を、新聞の一面の写真で見、テレビのニュース番組で見ることになるでしょう。そして、彼らのうちのある者は地表に着陸し、その姿をも現そうとするでしょう。

　しかし、そのときに心してほしいのです。地球への飛来者たちは神ではないし、また、そのすべてが必ずしも善良なる人々ではないのです。

宇宙には知的生命体が数多く生きていますが、ちょうど地球の国連の憲章と同じように、宇宙にも協定があって、「ある星のなかで、人々が愛し合い、調和し合い、建設的に生きている間は、他の惑星《わくせい》の人間はその文明に介入《かいにゅう》してはならない」というルールがあります。

介入が許される唯一《ゆいいつ》の例外は、その惑星に住む人たちが、自《みずか》らの手によって文明を破滅《はめつ》させようとしているときだけです。ただ、そのときには、善良なる者も介入してくるでしょうが、同時に悪なる者も介入してくるということを、心しておかねばならないのです。

3　霊界《れいかい》科学により実現する異次元旅行

今、地球に来ているＵＦＯの技術は、それほど高いものではありません。地球の科学文明から見ても、あと百年もすれば十分に入手できる能力です。

ただ、そのためには、超《こ》えなければならないハードルがあります。それは何であるか。物理学者のアインシュタインは、「光の速度（光速）を超える速度はありえない」と言いましたが、そうした地球の物理学を超えなければならないということなのです。

人間が肉眼で見ることができる宇宙の星だとて、何百光年、何千光年、何万光年、何十万光年の距離《きょり》を隔《へだ》てています。現在のスペースシップ（宇宙船）では、その距離を移動することができません。

では、アインシュタインの定義を超える速度を持った乗り物を、はたして人類は開発することができるのでしょうか。

可能です。私は光の速度を超える速度を知っています。それは、異次元世界において、四次元以降の「霊界《れいかい》」といわれる世界において、私が常に体験していることです。

四次元以降の世界においては、過去の世界を見ることも、未来の世界を見ることも可能です。ちょうどタイムマシンの原理と同じように、何百年前、何千年前の時代を見ることも可能であり、また、未来を見ることも可能なのです。

これは何を意味しているか。霊的な速度（霊速《れいそく》）は光速を超えていることを意味しています。

霊界のなかには、地球だけで完結している部分と、地球以外の他の星や銀河と連結している部分とがあります。特に、「九次元」といわれる世界、別名「宇宙界」ともいわれる世界においては、地球霊界と、他の、知的生命体が住んでいる星の霊界とはつながっています。

三次元世界において、光の速度で何万年も何百万年もかかる距離であっても、霊界を通ると、一瞬《いっしゅん》で移動することが可能です。要は、異次元空間を飛ぶ科学を開発することです。そして、それは可能なのです。

現在の物理学や天文学の限界の果てにあるもの――それは私たちが科学している

ところの、この「霊界の科学」であります。この両者が合体したとき、人類は異次元空間を旅行して、他の惑星《わくせい》に行くことが可能となるでしょう。

現在の科学技術をもってしては、まだ、人類は、月や火星に植民都市をつくることをもって、その限界としていますが、やがては異次元空間を飛んでいくことが可能となるでしょう。私はそれを予言しておきます。

4　地球に最大のユートピアをつくる

地球という、私たちが住んでいるこの惑星《わくせい》は、現在、数多くの異星人によって、二十世紀の最後を観察されています。どのような文明実験がこの地球を中心に行われるのかを、彼らは見ています。

この地球でも、いつかは生命が住まないときが来るでしょう。

かつて、金星には地球の人類同様の知的生命体が住み、高度な文明もありましたが、十億年前と五億年前の火山の大爆発《だいばくはつ》によって、硫酸《りゅうさん》を含む厚い雲が天を覆《おお》い、その温室効果によって地表の温度は摂氏《せっし》五百度にもなり、もはや生命が住むことはできなくなりました。

地球にはまだ数多くの生命が住んでいますが、この地球も今から五十億年後には、完全に消滅《しょうめつ》することが確実視されています。なぜなら、われらの太陽系の中心であるところの太陽そのものが、そのころには死滅することになっているからです。

五十億年後が近づいたとき、太陽は最後の爆発期を迎《むか》える前に、赤い炎《ほのお》を激しく広く発射し、その炎でこの地球までもが覆われるでしょう。そのため、地球は現在の金星のような高温の惑星と化すでしょう。そして、誰《だれ》一人、生きることができなくなるでしょう。

それが、われわれの未来を待っている運命ではありません。しかし、そのときまではまだ五十億年という歳月《さいげつ》があります。この間《かん》、できるだけ長く、数多くの素晴《すば》らしい文明をつくり、ユートピアをつくっていきたいのです。

諸行《しょぎょう》は無常《むじょう》であり、われらがいずれこの惑星を去るときも来るでしょう。されど、われら、この地球に命あるかぎり、最大のユートピアを、最高の理想国家をつくってゆかねばならないのです。

5　核《かく》を保有する唯物論《ゆいぶつろん》国家の危険性

核兵器保有は朝鮮《ちょうせん》半島を危険にさらす

今、地球を見てみると、世紀末現象は進行しています。

過日、北朝鮮《きたちょうせん》においては、半世紀近く指導者をしていた金日成《きんにっせい》が死去しました(一九九四年七月八日没《ぼっ》)。その後の体制をめぐって、いったいどのような時代が来るのか、世界各国が注目しています。

結論を申し上げましょう。社会主義国家は滅《ほろ》びていくしかありません。唯物論《ゆいぶつろん》、無神論の国家は滅びる運命にあります。

しかし、それは結論であって、その過程を意味してはいません。その過程を、いかに平和的で、多くの人の幸福につながるようにしていくかということが大切なのです。

北朝鮮の核疑惑《かくぎわく》が取り沙汰《ざた》されていますが、これは疑惑ではなく、北朝鮮はすでに核兵器を保有しています。その数はおそらく六個から八個だと思います（本講演が行われた一九九四年七月当時の数）。来年（一九九五年）中には十個から二十個の核兵器を保有する能力を、彼らは持っています。

しかしながら、彼らが持っている技術は未熟であり、彼らが核ミサイルで、例えば、米軍基地があるところの日本の沖縄《おきなわ》を狙《ねら》ったとしても、そのミサイルはおそらく命中しないでしょう。その程度の精度ではあります。

とはいえ、この東アジアに新たな危機が現にあるということを否定することはできません。そこで私は、北朝鮮の指導者および民衆に申し上げたい。「核兵器を保有していることは、あなたがたの安全を意味しない」と――。

アメリカ合衆国はすでに一九九三年の段階で、政府の内部合意として、「もし、アメリカ合衆国の同盟国が北朝鮮からの核攻撃《こうげき》にさらされることがあれば、核兵器で報復することもありうる」ということを決定し、その戦争シミュレーションも作成しています。

現在、アメリカ合衆国と核戦争をして勝てる国はありません。北朝鮮は、核兵器の保有が無駄《むだ》だということを知らなくてはなりません。また、北朝鮮の経済状態も貧困《ひんこん》の窮《きわ》みであり、経済制裁が一年も続けば、国民生活は完全に破綻《はたん》する状況《じょうきょう》にあります。しかし、核兵器を食糧《しょくりょう》と換《か》えることはできないのです。

私は北朝鮮の指導者および民衆に対して申し上げる。

核兵器を捨てなさい。

そして、西側の自由主義国家の人たちと、
心を開いて、胸襟《きょうきん》を開いて、語り合いなさい。
害心を持って、他の人々を見ている人は、いはしない。いやしない。
それは自《みず》らの恐怖心《きょうふしん》の反映にしかすぎないということを知らなくてはならない。

また、韓国《かんこく》の人たちにも申し上げたい。
韓国の人たちは、北朝鮮の核の脅威《きょうい》を言いつつも、
もう一方では、同じ民族が核兵器を保有する能力を持っていることに対して、
それを誇《ほこ》りに思う心を潜在《せんざい》的に持っている。
しかし、南北朝鮮が統一された後《のち》、
朝鮮半島を最も危険にさらすのは、核兵器を持つこと。
これによって先進国に追いついたという自負心――
これこそが最大の脅威であるということを知らなくてはならない。

この東アジアに、いち早く非核地帯を設《もう》けるべきである。

国家分裂《ぶんれつ》と悲劇を呼び込《こ》む中国の軍事拡張主義

現在、アメリカ合衆国は北朝鮮の問題など眼中にありません。これはまもなく片がつくと考えています。アメリカが次に考えているのは、最後の、そして最大の社会主義国家であるところの中華《ちゅうか》人民共和国の解体です。これが彼らの今後十年間の国家戦略です。

アメリカは中国と北朝鮮とを分断し、北朝鮮をまず結論づけた後、中国への包囲《ほうい》網《もう》をつくるでしょう。おそらくは、日本やドイツ、インド等を国連の常任理事国に巻き込《こ》み、ロシアも仲間にして、中国包囲網をつくることになると思います。

その原因は、現在の中国が採っているところの「軍事的拡張主義」、「覇権《はけん》主義」にあります。東南アジアの各地で、中国の軍事力による脅威が生じています。

中国は、市場経済を導入した「開かれた社会主義」が成功しているように思っていますが、これがまた間違《まちが》いです。中国本土ではインフレが進んでおり、このままの状態では、やがて経済の破局が訪《おとず》れる恐《おそ》れがあります。

破局しても構わないのですが、そのあとに来る軍事的拡張主義が恐ろしいと、私は思います。ベトナム沖の油田など、経済的利権になる地域に対し、中国が触手《しょくしゅ》を伸《の》ばす危険があるからです。

中国の人たちに対しても、私は申し上げたい。

軍事的拡張をやめよ。

軍国主義をやめよ。

そして、核兵器を捨てなさい。

それが、あなたがたが平和に今世紀を生き抜《ぬ》き、来世紀に未来を拓《ひら》くために、どうしても必要なことなのだ。

今のままの軍事的拡張主義を続け、さらに社会主義政策を続けるならば、中国は、おそらく南北の二極を核として、さまざまな連邦《れんぽう》国家に分裂《ぶんれつ》していくことになるでしょう。しかし、その過程では、数限りない悲劇が起きることだろうと思います。

6 唯一《ゆいいつ》の仏法真理《ぶっぽうしんり》の下《もと》に、地球を一つに

ある国の人々が、核《かく》兵器や武力でもって他の国の人々を従わせるのを、私は決して「よし」とは思いません。そしてまた、それを宇宙の同胞《どうほう》たちから見られていることも、必ずしも「よし」としません。「人間は、心の力によって、思想の力によって、平和を手にすることが可能だ」と私は考えています。

地球の三次元だけが世界のすべてではありません。この三次元での勝利がすべてではありません。数十年の人生を経《へ》て、われらはあの世へと旅立ち、その異次元の

世界で、本来の生活を営《いとな》んでいるのであります。

そうである以上、すべては過ぎゆくものです。しかし、過ぎてゆくもののなかで、過ぎゆかないものこそ、美しい理想です。人々の美しい心です。それをこそ求めなくてはなりません。

世界には平和が必要です。

二十世紀は「唯物論《ゆいぶつろん》と無神論が蔓延《まんえん》した世紀」であり、同時にまた「戦争の世紀」でもありました。

しかし、二十一世紀は、その未来を拓《ひら》くのは、私が説くこの仏法真理《ぶっぽうしんり》です。この仏法真理が全世界に広がったとき、人々の心は一つとなり、真に「愛」と「美」と「調和」に満たされた地球国家が出来上がることでしょう。

地球を一つに――。

唯一の仏法真理の下《もと》に、地球を一つに――。

そして、異次元旅行をなし、
未知なる惑星《わくせい》に住むところの、われらの未知なるきょうだいとも交流する、
二十一世紀を拓かねばなりません。

人類は科学技術によって核兵器をつくり、
自《みずか》らを危機のどん底に追いやりましたが、
その科学技術を、霊的《れいてき》なる知識を裏付けとした、
理想実現の力と変えることによって、
来世紀以降、
まだまだ、長い長い文明をかたちづくっていくことが可能であるのです。

世界から核兵器を廃絶《はいぜつ》し、

仏法真理の下に、唯物論と無神論をも廃絶し、
すべての人の心を仏神《ぶっしん》の心と同通させ、
この地上に理想世界をつくらなくてはなりません。

みなさまがたの使命は限りなく大きい。
伝道の仕事は限りなく大きい。
いざ、アジアの同胞のもとへ、
ヨーロッパへ、
オセアニアへ、
アメリカへ、
わが説くこの真理を伝えてほしい。

この言葉を語るは、

リエント・アール・クラウドにして、
あなたがたの主、エル・カンターレである。
わが言葉を心に刻み、あなたがたの使命とせよ。

第8章

永遠の挑戦《ちょうせん》

1　現代における二つの悪魔《あくま》のすみか――マスコミと邪教《じゃきょう》

今日は、一九九四年（当時）のあなたがたに対する最後の説法《せっぽう》です。今年のあなたがたの活躍《かつやく》に敬意を表《ひょう》しつつ、本年以降、あなたがたが向かってゆかねばならない、その方向を明示したいと思います。

私たちは今、大きく分けて二つの悪魔《あくま》と戦っています。

その一つの悪魔は、「マスコミという世界」のなかに厳然と棲《す》んでいます。そして、もう一つの悪魔は、「宗教そのもの」のなかに棲んでいます。

彼らは、いったい、どこに潜《ひそ》んでいるのでしょうか。どこに潜み、何を企《くわだ》て、いかなる活動をしているのでありましょうか。それを明らかにしなければならないと思うのであります。

2　マスコミが引き起こしている国難

ヘアヌードは日本全土を色情地獄《しきじょうじごく》化する試み

まず、マスコミから申し上げましょう。

もちろん、言うまでもなく、マスコミ全体に問題があると私は言っているのではありません。それは、あくまでも媒体《ばいたい》であり、「そのなかに何を伝えるか」「いかなる意図を持っているか」ということが問題であることを、前提としておきたいと思います。

まず一つ。本年に起きた戦いの一つに、「乱れた性表現に対する戦い」がありました。いや、それは現に今も続いていると言ってよいでありましょう。

「自由」という言葉は、確かに尊い響《ひび》きを持っていますが、自由には方向性が必

●本年に起きた戦いの一つ……　一部週刊誌による金儲け至上主義的な〝ヘアヌード商法〟に対して、日本国民の健全なる精神を著しく毒するものとして、1994年11月以降、幸福の科学の信者有志を中心にデモ等の抗議行動を行った。

要です。「天に向かう自由」か、「地獄《じごく》の底に向かう自由」か――。もし、それが今の世の人たちに分からないのであるならば、それを教えなければならないと思うのです。

不況期《ふきょうき》のなかで、一部のマスコミが、〝ヘアヌード〟なるものに走り、そして、この日本全土を色情《しきじょう》地獄化しようと試みてきました。

これに対して、心ある者が、はっきりと、「間違《まちが》っているものは間違っている」と声を上げげました。日本の国民は、数は多いが、勇気のある方の少ないことよ。

なぜ、それが言えない。

マスコミのなかにも、善良な人はいるでしょう。しかし、残念ながら、〝無軌道《むきどう》の自由〟に引きずられているのが現状であります。

すべて、人間の体や、この世の物事を物質として考えれば、何ら問題がないように見えるかもしれないけれども、人間の本質は肉体ではなく「魂《たましい》」であり、その魂の中枢《ちゅうすう》である「心」こそがすべてなのです。

今、地上にあっては、体と魂は不離《ふり》・不可分《ふかぶん》になっているけれども、やがて死を迎《むか》えるに当たっては、魂だけが、あなたがたの、実際の、実在の存在となります。そのときに、あなたがたは、いったいどのような存在であるかというと、心に思ったことの集積がすべてとなります。

地上を去った世界である地獄界には、さまざまな地獄がありますが、そのなかの一つに、「色情地獄」という所があります。古来、「血の池地獄」といわれている所です。

男性が女性を恋《こ》い慕《した》い、女性が男性を恋い慕うことは、人間としての本能でありますけれども、そこに、人間としての尊厳に基《もと》づくルールというものがあります。そのルールを守っているか否《いな》かが、天国と地獄を分けることになります。

貪《むさぼ》る心のままに、欲情のままに、その人生を生きたとき、人は、死後、色情地獄という所に堕《お》ちる。まるで、そこに羊の群れを追い込《こ》むがごとく、ヘアヌードの嵐《あらし》でもって、世の中を毒しているマスコミに対し、宗教者として、強い言葉を発せざるをえません。

恥《は》ずかしいという心、羞恥心《しゅうちしん》を失ったとき、
人間は動物と同じとなります。
そして、死んだ後《のち》、ある者は「畜生道《ちくしょうどう》」へ、
そして、ある者は、いわゆる「血の池地獄」へ堕ち、
本能のままに、数百年の人生を、そこで送ることになります。
それを止めたいのです。
それは、昔話ではなく、現に今も現実化し、日々起きていることであります。

週刊誌の編集者よ。
地獄へ堕ちるのは、あなた一人にしなさい。
あなた一人が、地獄へ堕ちてから反省するのはよい。

ただ、他の者を道連れにしてはいけない。

人間は健全な良識のもとに生きてゆかねばならない。

（著者注。現在は、スポーツ紙、夕刊紙、一部週刊誌のなかに、宗教について正しい報道をしているものもあり、この点は評価している。他方、硬派《こうは》系の新聞、TV、雑誌が宗教を無視し続けていることを問題視している）

いじめによる自殺者を「悲劇の主人公」にする報道の問題点

さらに、これ以外に関しても言っておきましょう。

今、この十二月には、いじめによる自殺事件などが数多く報道されています。しかし、私は、最初の報道を見たときに、「このような態度を取れば、自殺する人が次々と連続して出る」と思いました。そして、そのとおりになりました。

なぜそうなるか、分からないのでしょうか。その理由を申し上げましょう。

自殺した人間を、「英雄視《えいゆうし》」したり、「悲劇の主人公」にしてはならないのです。

自殺は「悪」であります。

この地上での修行《しゅぎょう》目的の放棄《ほうき》であります。それは、英雄的行為《こうい》ではなく、卑怯《ひきょう》な行為なのです。人生からの逃避《とうひ》なのです。この視点を忘れてはならないのです。

死んだ人間は、自殺という行為を通しては、天国に入ることができないのです。すべて不成仏霊《ふじょうぶつれい》となって、たいていの場合は、地獄にすら行くことができず、生きている人間に取り憑《つ》いて、その家族を、その周りを、不幸にさせます。それが現実です。

宗教教育を否定し、正当な宗教活動を報道しない愚《おろ》かさ

なぜ、そのようなことが起きるのか。

学校教育において、「宗教教育」がなされていないからです。

宗教教育は、愛することの大切さ、反省することの大切さを教えます。

それを、なんと日本国憲法の第二十条第三項《こう》においては、

「国及《およ》びその機関は、宗教教育その他いかなる宗教的活動もしてはならない」

と書いてあります。

とんでもない間違いです。

「人を愛すること」

「反省の大切さ」

「共に、ユートピアをつくるために、協力し合わなければならないこと」

――それを教えないから、いじめなどが流行《はや》り、

そして、自殺する者が、当然であるかのごとく、

自《みずか》らのその行為を正当化しようとするのです。

教育において、知識のみを求めて、肝心要《かんじんかなめ》の「心の教え」がないのです。

それがまた、

その「宗教教育をしてはならぬ」ということが、
マスコミの金科玉条《きんかぎょくじょう》となって、
マスコミは報道のなかで、正当なる宗教の活動を伝えません。
宗教の活動を伝えるときは、
事件が起きたときのみ、宗教が悪なるものとなったときのみであり、
宗教の正しい主張は、ほとんどと言ってよいほど伝えようとしません。
そこに、間違いがある。愚《おろ》かさがある。
それが、なぜ分からないか。

脳死による臓器移植は、あの世への旅立ちを妨《さまた》げる

もう一つ言っておきましょう。

脳死による臓器移植の問題、これに対しても、幸福の科学は数年前から言っています。「臓器移植をしたいために、人の死の認定を早めて、そこから内臓を取り去

ることは、悪である」ということを、私は述べています。

脳死は人の死ではありません。それは、医者が勝手に決めたものです。人の死は、肉体から魂が遊離したときのみです。

早い人では、心臓停止後、しばらくして、魂が遊離することもありますが、通常は数時間から十時間、平均すると丸一日は、十分に離《はな》れ切っていないのが実情です。

それゆえ、お通夜《つや》という制度を設《もう》けて、一日たってから、焼き場に運んで、焼くことになっているのです。

病院で脳死状態になった段階では、本人は肉体のなかでまだ意識を持って感じており、周囲で起きている、すべての行為が分かるのです。


もし、みなさん自身が、横たわっているときに心臓を抉《えぐ》り取られて、他の人に移植されたら、どうなりますか。

真実の世界を知っていればまだよいけれども、

唯物論《ゆいぶつろん》的人生観を持っていたら、どうなりますか。
驚愕《きょうがく》し、恐怖《きょうふ》し、あの世への旅立ちは妨《さまた》げられ、
そして、自分の臓器が移植された人に完全憑依《ひょうい》し、
その家庭に障《さわ》りを起こします。それが現実です。
それが分からないのは、医学教育のなかに、
宗教の考えがまったく入っていないからであります。
ゆえに、この世の教育、文化的な問題のすべてのなかに、
正当なる仏法真理《ぶっぽうしんり》を取り入れることが、今、必要なのです。

外で起きていることは、単純な現象に見えるかもしれないけれども、
その奥《おく》にあるのは「国難」です。
今、大きな国難が襲《おそ》っています。
マスコミの「無明《むみょう》」ということを通して、国難が起きているのです。

それに対して、私たちは、強く強く意見を述べて、彼らの間違いを正さねばなりません。

3　邪教《じゃきょう》の教えの間違《まちが》いを正す

邪教が戦後の宗教の評判を落とした

もう一つの悪魔《あくま》は、どこにいるか。それは宗教そのもののなかにいます。いわゆる邪教《じゃきょう》といわれる存在です。

戦後、宗教の評判が落ちてきたのは、一つには、邪教の数が多く、さまざまな社会問題を起こしてきたことも事実です。

幸福の科学は、宗教の社会的信用を高め、評価を上げるために、日夜、努力していますが、その正反対のことをし続けて、社会に害悪をばら撒《ま》いているものが数多くいます。

しかし、幾《いく》つかのものは、すでに、幸福の科学との対比によって、邪悪なるものであることが明らかになってきました。

例えば、オウム真理教。例えば、統一教会《とういつきょうかい》。このようなものと、幸福の科学が、最初、同じように言われたこともあったけれども、数年たって、もはや、その違《ちが》いが分からぬ人はいなくなりました。まったく違う団体です。

「天国」と「地獄《じごく》」の違いが分からぬなら、
「仏」と「悪魔」の違いが分からぬなら、
価値判断はゼロと言ってよい。
その程度の判断もつかないならば、
日本の国の教育は完全に間違っていると言ってもよいでしょう。
そのような邪教は、次々と社会的に糾弾《きゅうだん》されてきました。

日本の新宗教の評判を落とした創価学会《そうかがっかい》の間違《まちが》いの原点

しかし、もう一つ、

最大にして最悪の邪教が、まだ生き残っています。

それは、あなたがたがご存じの創価学会《そうかがっかい》――。

この宗教が、戦後、日本の新宗教の評判を、どれだけ落としたか。

その罪は、いわく言いがたいものがあります。

この宗教がなかったら、

新宗教が社会でこれほど悪く言われることは、おそらくなかったでしょう。

その評判を落とし続けて数十年――。

私は許さない。その間違《まちが》いを、はっきりと指摘《してき》しておきたい。

しかし、その原点は創価学会だけにあるのではない。

仏陀《ぶっだ》として、かつて仏弟子《ぶつでし》が説いたことを、評価し、判定し、採点するのは、とてもつらいことではあるけれども、「間違いの原点は、鎌倉《かまくら》時代の日蓮《にちれん》そのものの教えと行動にある」と言わざるをえません。

今から七百年ほどの昔、日蓮が鎌倉時代に説いた教えとは何であるか。基本的主張は二つに集約されます。一つは、「南無妙法蓮華経《なむみょうほうれんげきょう》」の唱題《しょうだい》を創唱《そうしょう》したこと。そして、もう一つは、「日蓮宗以外はすべて邪教である」と言ったこと。この二つが日蓮の仕事です。

さて、これは正しいか。それを問う。日蓮宗以外はすべて邪教か。あるいは、人は、「南無妙法蓮華経」という唱題だけで、題目《だいもく》を唱えるだけで、救われるか。

それは事実か。本当か。あなたがたは、どう思う。

●**鎌倉時代の日蓮**……　生前の日蓮は、真理流布《るふ》への強い情熱のあまり、激しい他宗批判を行ったが、晩年は温厚で情の深い性格となり、帰天《きてん》後は反省行に打ち込んだ。また、日蓮は幸福の科学の最初期から支援霊を務めているが、現在は晩年期に近いタイプとされる。『黄金の法』『日蓮を語る』（共に幸福の科学出版刊）等参照。

題目《だいもく》だけで人が救われるとする愚《おろ》かさ

「南無妙法蓮華経」の南無とは、「帰依《きえ》する」「帰命《きみょう》する」という意味である。妙法とは、「妙《たえ》なる法」「正法《しょうほう》」「正しい教え」という意味です。それが正しい訳。そして、蓮華とは何か。それは「泥沼《どろぬま》に咲《さ》く蓮《はす》の華《はな》」です。経は「教え」――。

さすれば、「南無妙法蓮華経」とは何であるか。「泥沼に咲くあの蓮の華のような、清らかな正しい教えに帰依します」という意味です。

毎朝、「南無妙法蓮華経」「南無妙法蓮華経」と言えば、「正しい法に帰依します」「正しい法に帰依します」と言えば、それで人が救われると言うが、では、正しい法とは何であるか。『法華経』の、その唱題だけで人が救われるか。仏陀はそれを説いたか。

『法華経』そのものは、仏陀が晩年に説いた教えの一部の片鱗《へんりん》をとどめていることは事実です。したがって、すべてが間違っているとは言いません。しかし、「正しい教えに帰依します」という、その行為《こうい》を、内容を、理解して実践《じっせん》しなければ、人は救われない。


「正しい教えに帰依する」とは何ですか。

「南無妙法蓮華経」とは、いったい何ですか。

それは、仏陀の悟《さと》った、中道《ちゅうどう》の教え、四諦《したい》の教え、八正道《はっしょうどう》の教え、そして縁起《えんぎ》の教え、そう、因果《いんが》の教えです。

「正しい行為をすれば、正しい結果が回ってくる」

「正しい心には、天国の生活が巡《めぐ》ってくる」

――そういうことを、仏陀は説いています。

それを無視して、題目《だいもく》だけで、なぜ人が救われるか。

愚《おろ》かであります。

「日蓮宗《にちれんしゅう》以外はすべて邪教《じゃきょう》」とする間違《まちが》い

さらに、「日蓮宗《にちれんしゅう》以外はすべて邪教《じゃきょう》である」とは、何たることでありますか。
禅宗《ぜんしゅう》のなかにも、浄土宗《じょうどしゅう》のなかにも、
それ以外の、真言宗《しんごんしゅう》やいろいろな宗派《しゅうは》のなかにも、
仏陀の教えは、部分的にではあっても流れています。
さらに、キリスト教にも、イスラム教にも、
真実なる仏の教えの流れは入っています。
さすれば、「日蓮宗以外はすべて邪教である」という教えは正しかったか。
間違《まちが》いでしょう。
それは、自分たちの勢力を広めるためだけの「方便《ほうべん》」であったはずです。
「方便」を「本質」と見誤ってはならない。
間違ったことをすれば、間違った結果が返ってくる。

邪見《じゃけん》があると正見《しょうけん》・正思《しょうし》・正語《しょうご》ができず、反省ができない

そのような邪見《じゃけん》――間違った信仰《しんこう》から、正見《しょうけん》はできません。
正見ができないから、正思《しょうし》、正しい思いが持てません。
正思ができないから、正語《しょうご》ができない。正しく語ることができません。
これが、創価学会の人たちが、悪口雑言《あっこうぞうごん》を言って、反省できない理由です。
正見が立たないから、正語ができない。
そして、反省することをまったく教えられていない。
これが間違っている。

そして、その行動は、ほとんど、暴力沙汰《ざた》、脅迫《きょうはく》、このような類《たぐい》――。
「脱会《だっかい》すれば罰《ばち》が当たる。祟《たた》りが起きる」と称《しょう》して、脅迫している。
こんなことを仏陀が教えたはずがない。間違っています。

その間違いが、なぜ分からないのか。
そして、創価学会の大部分の会員は阿修羅霊《あしゅられい》に取り憑《つ》かれています。
この世の職業において阿修羅霊に取り憑かれている人たちとは、
何をしている人たちか。
暴力団、地上げ屋系統、サラ金――。
このような職業に就《つ》いている人たちが、そういう阿修羅霊に憑かれています。
それと同じものが、大部分の会員には憑いています。
そして、二代目会長・戸田城聖《とだじょうせい》は、
現に火炎《かえん》地獄に堕《お》ちて、今も炎《ほのお》に焼かれて苦しんでいます。
これが、その信仰を持った人たちが、やがて赴《おもむ》く世界です。
池田大作《いけだだいさく》も、同じ道を、今、歩んでいます。
しかし、指導者だけが地獄に堕ちるのならよい。
他の者を迷わしてはならない。断じて――。

「貪《とん》・瞋《じん》・癡《ち》・慢《まん》・疑《ぎ》・悪見《あくけん》」――。六大煩悩《ぼんのう》をその身に体現しておりながら、宗教的指導者を名乗るとは、何事であるか。

心の底から反省せよ！

4 邪教団《じゃきょうだん》と政治権力が組むことの危険性

父親殺しのカルマを持つ政治家の間違《まちが》い

さらに、最近では、この創価学会《そうかがっかい》がつくった旧公明党と組んで、「新進党」という新しい政党ができています（説法《せっぽう》当時）。

そして、「自民党と対比されるべき政党となる」「二大政党政治をつくる」と言って、小沢一郎《おざわいちろう》という政治家なども、いきがっていますけれども、とんでもない間違《まちが》いです。このような邪教《じゃきょう》の金と票をもとにして、国を牛耳《ぎゅうじ》ろうとは、何事であるか。

●新進党……　幸福の科学の信者有志によるデモ活動等を通し、国政を壟断《ろうだん》する危険性について厳しく批判。新進党は立党して3年余りで1997年に解党した。

それが最大の悪であることが、なぜ分からぬか。「小沢一郎よ、創価学会と組んで、日本の国政を壟断《ろうだん》しようとするなら、あなたも地獄《じごく》に堕《お》ちるであろう」――それを私は予言しておく。

あなたはかつて、仏陀《ぶっだ》の時代に、インドにおいて、阿闍世《あじゃせ》という名で生まれたことがある。

阿闍世はマガダ国の王子であった。国王の地位が早く欲《ほ》しくて、仏陀の弟子《でし》であったビンビサーラ王を幽閉《ゆうへい》し、殺したのは、阿闍世です。それも、仏敵《ぶってき》であるところの提婆達多《だいばだった》と共謀《きょうぼう》している。提婆達多は釈迦《しゃか》の地位を乗っ取り、阿闍世は父王の地位を乗っ取ろうとして、共に組み、そして国政を悪くしました。阿闍世は、父王を殺し、母親を幽閉し、そして邪教団と組んで、マガダの国を恐怖《きょうふ》に陥《おとしい》れました。

そのとき、国難が来《きた》りました。ちょうど飢饉《ききん》が流行《はや》りましたけれども、そのときに、阿闍世と提婆達多がしたことは何であったか。

仏陀教団の弟子たちは、飢饉によって、お布施《ふせ》をもらえなくなっている。「そうであるならば、阿闍世王が一日五百食用意するから、仏陀の弟子たちよ、こちらに帰依《きえ》せよ」と、食べ物でもって仏弟子《ぶつでし》たちを奪《うば》い去り、新しい教団をつくろうとしたのが提婆達多であった。それを、舎利弗《しゃりほつ》と大目連《だいもくれん》が折伏《しゃくぶく》し、間違いを指摘《してき》し、結果、提婆達多は試みに敗れ、地獄に堕ちた。

阿闍世は、「そのような非道なことをしてはならぬ」と、大臣であるジーヴァカに説得され、晩年は釈迦弟子として仏陀教団に帰依しました。

この阿闍世という人は「父親殺しのカルマ」を持っている。今回もまた、政治上の自分の父である金丸信《かねまるしん》という人を葬《ほうむ》り去った。さらには、政治上の母である自民党を裏切って、自民党を滅亡《めつぼう》させることを、今の目的としてやっている。まったく個人のカルマです。個人のカルマによって起きていることを、国政レベルで展開しないでいただきたい。

「二大政党制」の政権交代がもたらす国の衰退《すいたい》

二大政党制などというものは、あなたの個人的な〝父親殺し〟の、そのカルマ以外の何ものでもない。それは、自分が政治をしやすいために、やろうとしているだけである。

二大政党制の国を見なさい。イギリス。労働党と保守党――。政権交代して、国がどうなった。最低の状態に、今、落ち込《こ》んでいます。政策がコロコロと変わるから、国が繁栄《はんえい》しない。

アメリカは、どうですか。共和党と民主党――。政権交代は、うまくいっていますか。今、アメリカは最大の危機を迎《むか》えています。共に、相手との違いだけを強調し、大統領選のたびに、行政府がすべて入れ替《か》わる。数万人の人が入れ替わって、行政の連続性がない。そして、目茶苦茶《めちゃくちゃ》な行政をやって国が衰退《すいたい》しています。これも国難です。

今どき、こんなことを日本でやってはなりません。それは、世紀末、邪教団と政治権力が組んで、日本を〝最低最悪の状態〟に送り込むことを意味しています。断固、阻止《そし》せねばなりません。

私は、あなたがたに、心の教えを説き、宗教的修行《しゅぎょう》を説いてきました。しかし、この世紀末において、このような邪教団が〝日本を乗っ取る計画〟を進めている今、われわれも何らかの対抗《たいこう》手段を取らざるをえません。

5　永遠の挑戦《ちょうせん》

悪との戦いを通して、いかにして善をつかみ取るか

今、日本は、マスコミに巣くう悪魔《あくま》、

そして、邪教《じゃきょう》・創価学会《そうかがっかい》に巣くう最大の悪魔、

この二つの悪魔によって牛耳《ぎゅうじ》られようとしつつあります。
断固、仏弟子《ぶつでし》は勇ましく戦わねばなりません。

あなたがたは、心を強くしなさい。
力強くありなさい。
勇気を持ちなさい。
暴力沙汰《ざた》の宗教団体などに断じて屈《くっ》してはならない。
正義の使徒は、悪に屈してはならない。
光は闇《やみ》に屈してはならない。
仏国土《ぶっこくど》をこの地上にもたらすために、断固、戦い抜《ぬ》かねばなりません。
私たちは、この地上で、永遠の魂《たましい》の経験を積んでいます。
その魂の経験とは、結局において、地上における悪との戦いです。

「悪との戦いを通して、いかにして善をつかみ取るか」

――これが私たちの「永遠の挑戦《ちょうせん》」であるのです。

三宝帰依《さんぼうきえ》以外に正しい信仰《しんこう》はない

正しい信仰《しんこう》とは、三宝帰依《さんぽうきえ》以外にありません。
三宝帰依とは「仏《ぶっ》・法《ぽう》・僧《そう》」に帰依することです。
「仏」とは、ゴータマ・シッダールタ、釈迦牟尼仏《しゃかむにぶつ》、仏陀《ぶっだ》以外にありません。
この「仏」が、日蓮《にちれん》になったり、大石寺《たいせきじ》の坊主《ぼうず》になったりはしないのです。
間違《まちが》ってはいけない。
「法」とは、仏陀の説いた法です。
それ以外にはありません。
「僧」とは、その教えを弘《ひろ》めるために、
戒律《かいりつ》を守って、修行《しゅぎょう》をしている人たちの群れです。

この「仏・法・僧」の三宝に帰依することが正しい信仰であって、
これ以外の邪説には、断固として惑《まど》わされてはなりません。
末法《まっぽう》の世だからといって、本仏《ほんぶつ》や本尊《ほんぞん》が変わったりはしないのです。
邪教、許すまじ！

今、仏陀再誕の今、
この日本に仏陀が再誕した今、仏教徒は、このわが言葉を聴《き》きなさい。
そして、私に帰依しなさい。
それが、あなたがたが仏弟子であることの証明です。

もう一度、言う。
三宝帰依以外に正しい信仰はない。

そのことを知ることです。
そして、それこそが正しい信仰であることを、日本中に伝えてください。
それが、みなさまがたの「永遠の挑戦」であります。

第9章

新生日本の指針

1　現代日本の政治的混迷《こんめい》

今日は、当初の予定を変更《へんこう》し、アトランティスの話から現代日本の話へと演題を変えることにしました。

それというのも、みなさんの多くがすでに気づいているとおり、現代日本の政治的混迷《こんめい》が、すでに救いがたいところにまで来ているように思えるからです。

そこで今、この時期に、「日本のあるべき姿」と「今後の向かうべき方向」を、私からみなさんに示さなくてはならないと思うのです。

今年はすでに半年が過ぎました。振《ふ》り返ってみると、阪神《はんしん》・淡路大震災《あわじだいしんさい》、そしてオウム事件と、まことに世紀末的な出来事が展開しています。

大震災については、先般《せんぱん》、その霊的《れいてき》原因として、「人々の心のあり方に問題があ

●当初の予定……　当初、「アトランティスの秘密」という演題で行われる予定だった。

る」ということを、すでに指摘《してき》しました。

そして、最近のオウム事件に関しても、幸福の科学は日本の宗教界のリーダーとして、正しい考えを明確にすべきであると思います。

2 宗教の正邪《せいじゃ》を分けるべきである

オウム事件の解決に尽力《じんりょく》した幸福の科学

このオウム事件は、ある日、突発的《とっぱつ》に発覚し、偶然《ぐうぜん》に解決されたものではありません。この間《かん》、多くの人たちの智慧《ちえ》と努力があって、現在に至っています。

幸福の科学もこのオウム事件の解決に尽力《じんりょく》したことを、みなさまがたの多くは知っているであろうと思います。

そもそも事の発端《ほったん》は、目黒《めぐろ》公証役場事務長の假谷《かりや》さん拉致《らち》事件から始まりました。

けです。

白昼堂々、大人の男性を拉致するという蛮行《ばんこう》を、オウム教団の幹部たちがなしたわけです。

実は、その現場を目撃《もくげき》したのが、ほかならぬ幸福の科学の職員数名でした。そして、彼らが警察への第一通報者になりました。

その後、強制捜査《そうさ》に入っていただけるように、幸福の科学から警察の方々にお願いすること二週間――。その間、マスコミの方々にも力をお借りしました。

さらに、政治関係にも、あらゆるルートを使って問題の解決をお願いしました。重要閣僚《かくりょう》から、それ以外の政治家の方々にまで、「このオウム事件は非常に大変な問題を含《ふく》んでいる」ということを訴《うった》えました。

当会の幹部の一人は、飛行機に乗って大分《おおいた》県に行き、村山《むらやま》総理（説法《せっぽう》当時）の側近にまで会い、「解決しないと大変なことになる」ということを直言しました。実は、その時点で私たちは、「オウム教団が、東京都民一千二百万人に対する殺戮《さつりく》計画を持っている」ということを情報としてつかんでいたのです。「大変なことになる」「政府は動かない」――そういうことで、いろいろな方々に申し上げました。

オウム事件の際に問われた政治家の危機管理能力

しかし、残念ながら、村山総理は、オウム事件の本質をそう簡単には理解されなかったようです。他の重要閣僚にも申し入れましたが、地下鉄サリン事件が起きたあとに、〝北朝鮮詣《きたちょうせんもう》で〟をしているような状況《じょうきょう》であって、ほとんどの方が上《うわ》の空《そら》でした。東京都民の命が担保《たんぽ》に取られているというのに、動かない政治家たちがいるということは、私にとって、まことに信じられないことでした。

次期の総理・総裁候補といわれる方々であっても、状況は村山総理とほとんど同じであって、危機管理能力はゼロと言ってよい状況でした。

総理候補といわれる橋本龍太郎《はしもとりゅうたろう》氏（説法当時、通産大臣）にしても、オウム事件について申し入れをしたら、「今は忙《いそが》しいので、内容を書類にして通産省（現・経済産業省）に送ってくれ」と言って、それで終わりです。これで総理になれる器《うつわ》でしょうか。

また、自民党の総裁である河野洋平《こうのようへい》氏（説法当時）にしても、ほとんど危機管理能力を有していないのは、村山総理と同じです。

今、力を持っていると言われる、いわゆる「YKK」の加藤紘一《かとうこういち》政調会長（説法当時）以下の方々は、聞く耳は持っていました。そのうちのある人に、私たちは解決を図《はか》ってくれるようにお願いしたのですが、テレビに出てオウム教の嘘《うそ》つき幹部に折伏《しゃくぶく》されるありさまで、まったく幻滅《げんめつ》しました。

国会議員数多くあれど、そのなかで獅子奮迅《ししふんじん》の努力をされたのは、当会の会員である三塚博《みつづかひろし》氏でした。この方が、オウム事件の間、「事実上の内閣総理大臣」として国家的危機管理を掌握《しょうあく》し、あらゆる根回しをしてくださったのです。そのことを、国民の多くはまだ知らないはずです。

だから、今、私は申し上げます。

「オウム事件が解決に向かって、村山政権の支持率が上がったとしても、それは村山総理の手柄《てがら》ではない」――そのことを、はっきりと申し上げておきたいのです。

また、このオウム事件解決に当たって、よく動いてくださり、合格点に達したと思われるのは、閣僚のなかでは、運輸大臣、それから文部大臣です。

国家公安委員長も、立場上よく働いてはくださいましたが、残念ながら、打つ手打つ手が後手後手《ごてごて》になり、被害《ひがい》を大きくしたことは事実であって、もうひとつであったという印象です。それ以外の閣僚に関しては、上の空であったということを言っておきたいと思います。

かといって、これは、現在の政権がまったく駄目《だめ》で、その反対勢力であるところの、創価学会《そうかがっかい》が完全に牛耳《ぎゅうじ》っている新進党が政権政党だったら問題が解決したかといえば、「そうではない」と断言してよいと思います。

宗教法人に対する警察当局の強制捜査や、宗教法人の解散を、何よりもいちばん恐《おそ》れているのが当の創価学会ですから、今年、〝創価学会政権〟がもし存在していたならば、オウム事件は解決しなかったはずです。

その結果、東京都民の多くは、年内にはサリンの恐怖《きょうふ》に脅《おびや》かされ、場合によっては屍《しかばね》の山となっていたかもしれません。〝創価学会政権〟でなくて「運がよかった」と言うしかありません。

世の中をよくするためにも「宗教の正邪《せいじゃ》」を見分ける必要がある

さて、このオウム事件に関しては、宗教学者や評論家など、さまざまな方がいろいろなことをコメントとして述べており、〝一億総オウム評論家〟のようにもなっています。

ただ、そのなかで、見過ごしてはならないと思われる考え方があります。

それは、「宗教の正邪《せいじゃ》を分けることは不可能である。宗教というものは、よいところも悪いところも持っている。正気も狂気《きょうき》も持っているのだ。だから、宗教の正邪は判別がつかない」というものです。このような考え方は、けっこう、あちこちの専門家から出てきています。

しかし、本年の初めより、『宗教選択《せんたく》の時代』（幸福の科学出版刊）で訴えてきたように、宗教には正邪があります。

もし、これがなかったとしたら、あるいは、宗教の正邪を分ける価値基準というものが無駄なものであるならば、どうなるでしょうか。

それは、正しいものを目指して、真面目《まじめ》に努力している宗教は引きずり下ろされ、一方、邪《よこしま》な心を持って、宗教法人を隠《かく》れ蓑《みの》として悪事を重ねている宗教は、その罪が無罪放免《むざいほうめん》となるという、善も悪も一緒《いっしょ》にしてしまうような結論になります。

その結果、宗教がよくなりますか。世の中がよくなりますか。

ただ、「宗教の正邪を分ける」ということは、「宗教の多様性を否定せよ」ということではありません。私は、いろいろな個性を持った宗教が日本にも世界にも数多くあることは、よいことだと思います。宗教が、よいところをお互《たが》いに出し合って人々を導いているという姿は、実に頼《たの》もしいものだと思います。宗教の正邪を分けることは、その多様性を否定するということではないのです。

また、宗教の正邪を分けることは、宗教のいろいろな教えにおいて、次元の高低を知ったり、高等宗教と初歩的な宗教とを分けたりすることを否定するものでもありません。

このように、宗教の多様性や、程度の違《ちが》ういろいろな宗教が現に存在しうるということについて、私は肯定的《こうてい》見解を持っています。

この地上を去った天上界《てんじょうかい》においても、そのように、さまざまな人たちが、さまざまなグループをつくって生活をしています。

しかし、天国と地獄《じごく》だけは、はっきりと分かれています。これが、宗教として外してはならない一線なのです。正教と邪教は、ここに線を引くべきです。

邪教なるものは、悪魔《あくま》や悪霊《あくれい》といわれるものに取り憑《つ》かれて、多くの人々を狂《くる》わせている教えです。これを極力小さなものとし、正しいものを推《お》し進めることが、今の日本の宗教界を浄化《じょうか》し、人々を幸福にし、迷った人々を救うために、ぜひとも必要なのです。

宗教の正邪を見分けることは難しいかもしれません。しかし、一般《いっぱん》の人にも分かるように簡単に言うならば、「その宗教が社会に広がっていくと、犯罪が減っていくようであれば、それは正しい宗教である。逆に、その宗教が社会に広がっていくと、犯罪が増加するような宗教は、間違った宗教である」ということなのです。

その宗教が広がることによって犯罪が増加するならば、その宗教団体のなかにも犯罪を数多く重ねている人たちがいるはずであり、そのトップに立つリーダー自身の心のなかにも犯罪を志向するものがあるはずです。それを見分けなくてはなりません。

正しい宗教は世の中を善導する

宗教学者のなかには、反社会的・反国家的な態度を取る宗教こそ正しい宗教であるかのように言う方もいますが、間違っています。

宗教者が反社会的・反国家的な抵抗《ていこう》運動をやってよいのは、圧政と専制によって、人々が悩《なや》み苦しみ、「国外に脱出《だっしゅつ》したい」と願っているような政治のときです。そのようなときには、宗教家は民衆と共に起《た》ち上がらねばなりません。

しかしながら、多くの人たちが、自由と民主主義の下《もと》で、言論と協調によって社会を変えていけるときには、正しい宗教は、その秩序《ちつじょ》を破壊《はかい》する方向には進んでいきません。より建設的な提案をして、世の中を善導する方向に行くものです。このあたりを間違わないでいただきたいのです。

オウム教の麻原彰晃《あさはらしょうこう》が警察に捕《つか》まりましたが、彼はやがて裁判にかけられ、日本の今の刑法《けいほう》から言えば、おそらくは死刑になるはずです。

しかし、彼が死刑になったからといって、それが、二千年前にイスラエルのゴルゴタの丘《おか》で、イエスが十字架《じゅうじか》に架かったのと同じとは言えません。

イエスが人を殺しましたか。自分の教団を護《まも》るために、「他のユダヤ人を殺せ」と弟子《でし》たちに命じましたか。そのようなことは、『聖書《せいしょ》』に遺《のこ》っていません。

むしろ逆だったはずです。イエスを逮捕《たいほ》に来た者たちに向かって、弟子の一人が

●麻原彰晃　一連の事件の首謀者として2004年に死刑判決を受け、2006年に確定。2018年7月6日に死刑が執行された。

剣《けん》を抜《ぬ》いたときに、「剣《つるぎ》を収めよ。剣《けん》を取る者は、剣にて滅《ほろ》びる」とイエスは言ったはずです（マタイ伝二六―52参照）。

まったく正反対です。ここを見誤ってはなりません。

これが、宗教についての見解において、極《きわ》めて大事なところです。

私たちは勇気を持って、警察の方々に全面的な支援《しえん》をしたいと思います。

それは、幸福の科学の利益のためではなく、真なる宗教の勝利のために、宗教の名誉《めいよ》の回復のために、宗教の信用の回復のために、宗教界の浄化のために、なさねばならないことなのです。

それが、今、宗教界のリーダーである幸福の科学に課せられた社会的義務であると思えるのです。

3　外患到来《がいかんとうらい》の危険(1)――日米自動車交渉《こうしょう》

決裂《けつれつ》寸前だった日米自動車交渉

今日、「新生日本の指針」と題して、私が講演をしようと思い立った理由は、このオウム事件だけではありません。六月末に起きた二つの政治的な現象を見て、「この国は危険である」と思ったからです。

それが何であるかというと、一つは、みなさんご存じの、通産省を代表とする日米自動車交渉《こうしょう》●、正確には自動車部品の交渉です。これを見ていて、極《きわ》めて危険なものを感じました。

通産大臣の橋本龍太郎《はしもとりゅうたろう》氏は、ジュネーブで最後の最後まで交渉に従事していましたが、私はその成り行きを見て、「日米交渉は決裂《けつれつ》する」と読みました。

●日米自動車交渉……　1995年、通産大臣の橋本龍太郎氏と米通商代表部のミッキー・カンター氏との日米自動車交渉は決裂寸前まで行ったが、上記働きかけもあり、対日制裁ギリギリのところで決着し、日本製高級車輸入への100%の関税措置等は回避された。『橋本龍太郎元総理の霊言』(幸福の科学出版刊)参照。

そこで、これもまた三塚《みつづか》氏の尽力《じんりょく》を得ながら、「決裂してはならない。日本は譲歩《じょうほ》して妥協《だきょう》しなさい。妥結しなさい」と、私から内閣に強力に申し入れました。その結果、何とかギリギリのところで決裂は回避《かいひ》され、あのような決着になったことは、みなさんもご存じのとおりです。

ただ、宗教家がそれを言わないと、政治家が分からないという現状は悲しいことです。

国家倒産《とうさん》の恐《おそ》れのあるアメリカ

この日米自動車交渉がなぜ危険であったかについて、その理由を述べます。

日米の貿易摩擦《まさつ》の原因は、長年にわたる日本の対米貿易黒字にあります。日本は年間千二百億ドル、あるいは千三百億ドルといった巨額《きょがく》の黒字を出し続けてきたわけです。このうちの半分近くが対米黒字です。

これに対する日本の通産省の言い分は、「自由貿易の原理・原則は守るべきだ。

自由貿易の結果、こういう状態になっているのだから、これでよいではないか。管理貿易は世界の経済を破壊《はかい》する。それに対しては徹底《てってい》的に反論する」というものです。こういう態度で、日本はここ二、三年やってきたように思います。

短期的に見れば、確かに理屈《りくつ》はそのとおりです。自由貿易を守ることが、経済的にはいちばん発展します。特に、強者の論理としては、強い国はそう主張するほうが自国にとって有利です。

しかし、日本の対米貿易黒字の原因がどこにあったかを、みなさんはご存じでしょうか。それは、アメリカ合衆国の一九八〇年代のレーガン政権に遡《さかのぼ》ります。レーガンの政策ミスと言えば政策ミスではあります。

レーガンは「強いアメリカ」を目指して、ソ連との軍事競争に乗り出し、目一杯《めいっぱい》、軍事費を拡大して経済競争を行《おこな》った結果、ソ連を破綻《はたん》に至らしめ、世界の核《かく》二大大国の戦争を回避させました。そのような巨大な軍事的支出、および国内の経済復興のための大幅《おおはば》減税が、レーガンの採った政策でした。

正確を期して言うならば、その一九八〇年代の半《なか》ばから、「この政策を採れば、アメリカは経済的に破綻し、危機に瀕《ひん》する」と、私はすでに述べていました。

●レーガンの誤算は、減税をすれば民間が活性化し、景気が回復して、税収の増加になると読んでいたことです。残念ながら、減税の結果は国内生産活動の拡大ではなく、外国、特に日本の貿易品が大量に入ってきて消費されるような世相ができてしまいました。その結果、軍事に関してまったく無頓着《むとんちゃく》であった日本が貿易黒字を伸《の》ばし、アメリカは赤字が膨《ふく》らんだのです。

アメリカは、国内的には多額の軍事費を使用したために財政赤字となり、対外的には貿易赤字となりました。この「双子《ふたご》の赤字」の結果、理論的に言えば、一九九五年の今年、アメリカはその利払《りばら》いができないところまで赤字体質が進んでいるはずです。

原則論で言えば、これは〝国家の倒産《とうさん》〟を意味する状況《じょうきょう》です。こういう状況下において、アメリカ側が日本に、「輸入を拡大してください」と、口を酸《す》っぱくして

●レーガンの誤算……　レーガノミクスで一時期、「双子の赤字」が生じた面はあったものの、中長期的には、減税によってアメリカ人の消費行動が活発化し、国力を回復させた面もある。『自分の国は自分で守れ』（幸福の科学出版刊）、『トランポノミクス』（スティーブン・ムーア、アーサー・B・ラッファー 共著、幸福の科学出版刊）参照。

言っているわけです。

これは、原則としてアメリカの言っていることが正しいのです。

日米の貿易不均衡《ふきんこう》に関する考え方の間違《まちが》い

アメリカの主張が正しいことの理由を、簡単に説明しましょう。

アメリカの大統領が百万円を持っているとします。また、日本の首相も同じく百万円を持っているとします。そして、日本の首相が、一台百万円の日本車をアメリカの大統領に売ると、アメリカから百万円が日本に移動します。その結果、日本のお金は二百万円になり、アメリカはゼロになります。

アメリカは、「代わりに、日本もアメリカから自動車を買ってください」と言います。しかし、日本は「アメリカ車は性能がよくないので、自由貿易の下《もと》では、日本としてはその車を買いたくない」と言っています。

そこで、アメリカは「しかたがないので、自動車の部品でもいいですから買ってください」と言います。

そして、例えば十万円分の部品を日本がアメリカから買うと、その結果、アメリカの財布《さいふ》には十万円が残り、日本の財布には百九十万円が残ります。

さらに、日本はアメリカに対して、「もう一台、日本車を買ってください」と言います。寛容《かんよう》なアメリカ人は、日本車を買おうと努力します。しかし、十万円しか残っていません。

そこで、世界のいろいろな国から借金をします。すなわち、高金利政策を採って外国の資本を導入し、借金をして日本車を買います。あるいは日本から直接に借金をして、そのお金でもって日本車を買います。

こういうことが続いてきた結果、この貿易のインバランス（不均衡《ふきんこう》）が、現在かなりの額になっているのです。

日本の経済学者のなかには、貿易黒字の有用論を唱えている方もいます。

「日本の黒字分はアメリカに資本投資され、それによって、アメリカはまた買い物ができる。そのように世界の経済は回っているのだから、貿易によって不均衡が生じても構わないのだ」というわけです。

通産省もこの考え方を信奉《しんぽう》していますが、間違《まちが》っています。

その考え方のとおり、日本が自由貿易をし、黒字を膨らませ、アメリカに資本を貸し付けることを続けていった場合、どのようになるでしょうか。

これは、その貿易黒字によって、言葉は悪いですが、日本はアメリカを借金のカタにとって〝植民地化〟できることを意味しているのです。アメリカ国民が、これを是認《ぜにん》すると思いますか。そんなことを是認するはずがありません。

日本が取るべき正しい態度は、アメリカから同じように百万円分を買ってあげることです。日本がアメリカに百万円分を売り、アメリカも日本に百万円分を売れば、両方に百万円が残ります。すると、次の自動車を相互《そうご》に売り合っても、また両方に百万円が残ります。こうすれば、この貿易、取引は、ずっと続けていくことができるわけです。ところが、片方が買って片方は買わなければ、自由貿易をしても続きません。これが原則なのです。

この原則が、日本の通産省のお歴々《れきれき》には分かりません。また、自動車会社で輸出を専門にしている人たちも、自分たちの利益を中心に考えているので、分からないのです。

世界経済を救う方法は、日本が貿易で拡大均衡《きんこう》をしていくこと

アメリカが主張していることは、原則、正しいのです。今、日本がやらなければならないことは、輸入を大幅に拡大して、この貿易の不均衡《ふきんこう》をなくすことなのです。

万一《まんいつ》、アメリカが「双子の赤字」によって破産の危機に瀕するのであれば、日本は、貿易赤字を四、五年出し続けてでも、アメリカ製品を買い続けなければなりません。そうしないと、アメリカは国家破産に至る可能性があります。

その結果、日本が幸福になるでしょうか。なりません。

アメリカには、日本車を年間二百万台近く買ってもらっています。また、アメリ

カ国内でも、同じぐらいの数量の日本車を生産しています。アメリカが破産すれば、そのマーケット（市場）が消えるのです。さらに、その影響《えいきょう》はヨーロッパにも出るでしょう。世界同時不況が起きるのです。

それを起こさないためには、世界第二の経済大国である日本（説法当時）が、輸入を拡大し、消費を大きくして、内需《ないじゅ》をつくり出さなければ駄目《だめ》なのです。また、日本にはそういう義務があるのです。

「アメリカとの貿易不均衡があるから、この貿易黒字をアジアのほうにだけ振《ふ》って、アジアから黒字を出せばよい」という考えではいけないのです。先ほど述べたように、貿易は収支均衡していかなければ続けていけないのです。むしろ拡大均衡を図《はか》らなければなりません。

今、日本の国内には、貿易による黒字がたまっています。輸入を増やすことによって、その黒字が減り、貿易収支が均衡します。それによって、さらに大きな額の輸出をさせてもらい、その結果、また大きな輸入をする――こうして経済を拡大していくことが、現在の世界経済を救う方法なのです。

貿易問題で不毛な議論を重ねる日本政府の問題

ところが、日本の通産省が主張するように、「自由貿易なのだから、どのくらいの数量を買うかという数値目標は決められない」ということであるならば、貿易額は調整できません。

貿易額というのは「価格×数量」であって、貿易額に不均衡があるならば、「価格」か「数量」か、どちらかをいじらないかぎり、調整はできないのです。

これは、リチャード・クー（説法当時、野村《のむら》総合研究所主任研究員）という人も言っている学説ですが、私も同じ考えです。

しかし、通産省は一貫《いっかん》して、「数量による調整」を拒否《きょひ》してきました。これが意味していることは、「価格を調整する」ということです。

「価格を調整する」ということは、アメリカに対して、「日本市場において、ダンピング（超《ちょう》安売り）をやれ」ということです。これには、アメリカの国内市場の消費者が黙《だま》ってはいないでしょう。

日本人は、日本製品が国内よりも海外で安売りされても黙っています。海外に旅行して、「外国で売っているものが国内より安いというのはおかしい」ということに気がつかないで、それを買って帰って喜んでいるのが日本人です。愚《おろ》かなことです。アメリカの国民は、そんなことは許しません。

ダンピングが駄目なら、次は、為替《かわせ》レートをいじるしかないのです。

輸入を増やす数量を政府が決めなければ、どんどん円高に進むことを意味しています。数値目標を設定しないということは、「円高にしてください」と言っていることと同じなのです。

なぜなら、「円高」は同時に「ドル安」を意味しますから、ドルベースのアメリカ製品の単価が下がり、日本市場への合法的安売りが可能となるからです。その結果、アメリカ側は輸出を増やせます。

一方、日本は「円高」により輸出品のドル換算《かんさん》単価が高くなり、アメリカ市場に売りにくくなります。こうして、貿易の不均衡が是正される方向に向かうのです。だから、輸入が明確に数量ベースで増えないかぎり、円高はどこまでも進みます。貿易当事者が勝手（自由）にすればよいと、日本政府が放任する態度を取り続けるなら、〝通産省不要論〟を政府（通産省）自身が唱えているのと同じです。橋本氏は、単に勝ち負けにこだわった不毛の議論を重ねてきたと言うほかありません。通産省には、それが分かりません。残念です。

交渉《こうしょう》が決裂《けつれつ》すれば「日米安保《あんぽ》体制」にヒビが入っていた

それだけで終わればまだよいのですが、怖《こわ》かったのは、日米自動車交渉《こうしょう》が決裂《けつれつ》した場合のことです。

止めなければ、橋本氏は〝決裂〟まで行ったでしょう。〝決裂〟した場合、次は確実に「日米安保《あんぽ》体制」にヒビが入ります。そして、日本は、日米関係をおろそかにし、アジアのなかで自由を得ようとするでしょう。これは、日本が五十年前に経験した道なのです。

「アメリカの国内市場が封鎖《ふうさ》されたら、中国市場があるではないか。中国の人たちに車を売ればよいではないか」——こういうことを考えるのは、先の第二次世界大戦と同じ構図であるということに、気づかなければなりません。

橋本氏のあの交渉態度に、国際連盟脱退《だったい》のときの松岡洋右《まつおかようすけ》の姿を見たのは、私だけではなかったはずです。極《きわ》めて危険でした。

4 外患到来《がいかんとうらい》の危険(2)——北朝鮮《きたちょうせん》への米援助《えんじょ》

欠けていたアメリカへの配慮《はいりょ》

「日米自動車交渉《こうしょう》」と同時に、もう一つの危険が起きました。

河野洋平《こうのようへい》外務大臣、加藤紘一《かとうこういち》政調会長、渡辺美智雄《わたなべみちお》氏といった、自民党の首脳陣《じん》が（もちろん村山《むらやま》総理も関知しているでしょうが）、日米自動車交渉と同じ時期に、韓国《かんこく》と北朝鮮《きたちょうせん》が話をつける前に、「人道上の支援《しえん》」と称《しょう》して、日本から北朝鮮に米の援助をするという話を進めたのです。

十五万トンは無償《むしょう》で、十五万トンは有償で、とりあえず三十万トンの米を、金日《きんにっ》成《せい》の一周忌《しゅうき》に合わせて、ホイホイと積み出しを決めたようです。

それをするなら、なぜ国民に議論を呼びかけなかったのか、疑問があります。

これを、アメリカの国民の側から見てごらんなさい。もし、日米交渉が決裂《けつれつ》していたら、日本がアメリカ製の自動車部品でさえ、「買わない」「輸入の数量は決められない」と言っていたのと同じときに、「人道上の支援」と称して、北朝鮮に対して三十万トンの米を日本が送りつけると決めたことを、アメリカ国民はどう思うでしょうか。「日本は〝社会主義国家〟と化したに違《ちが》いない。日本と同盟状態を続けるのは難しい」と激昂《げっこう》するでしょう。

なぜ、日本の政治家には、それが読めないのでしょうか。非常に情けないことでした。

専制国家・北朝鮮《きたちょうせん》の延命につながる米援助《えんじょ》

昨年の「御生誕祭《ごせいたんさい》」においても述べたように、北朝鮮《きたちょうせん》には、核《かく》兵器の開発疑惑《ぎわく》ではなくて、核兵器保有の事実があります（本書第7章「異次元旅行」参照）。

私の推定では、北朝鮮は現在、十二個程度の核兵器を保有していると思います（説法《せっぽう》当時）。こういう問題に蓋《ふた》をしておきながら、「人道上の支援《しえん》」と称して、なぜ米を運んでいくのか。

政府首脳は、単に日本に在庫米があるので、これを交渉に使うことによって、北朝鮮との国交回復の道をつけて、政権浮揚《ふよう》を図《はか》りたいと考えたのではないのか――。

その不透明《ふとうめい》さについては、いろいろな議論があちこちから起きています。ある新聞は「北朝鮮の国内には、軍事用の備蓄米《びちくまい》が、まだ百八十万トンはある」と報道しています。

軍事用の備蓄米があるなら、それを国民に供出《きょうしゅつ》すべきです。その備蓄米は、韓国、あるいは日米と戦うための備蓄米なのでしょうから、それを減らすことは、戦争の危険を減らすことになります。

そういう判断を、政府首脳はなぜしなかったのでしょうか。まことに理解に苦しみます。私は、人道上の支援がいけないと言っているのではありません。人が飢《う》え苦しんでいるのを助けるということに対しては、宗教家として、本能的に共感を覚えます。

しかし、そういう援助をしても、国内においては、外国から援助を受けたことをまったく知らせようともせず、自《みずか》らの国が豊作であると宣伝しているような〝洗脳国家〟のなかで、二千万人の国民が、今、苦しんでいるのです。

北朝鮮は、朝鮮民主主義人民共和国という国名ですが、「民主主義」という名が本物の国であるならば、国民が飢えたときには、その政府を倒《たお》す権利が国民にはあるのです。倒せないならば、それは民主主義ではありません。そういう専制国家を延命させるために食糧《しょくりょう》の援助をすべきではありません。

民主主義国家であるならば、民衆は決起して、政府の転換《てんかん》を求めるべきだし、民衆はそういう権利を持っています。また、自由主義国家には、それを助ける義務があります。

ですから、国家選択《せんたく》において、この北朝鮮への米援助も、あまりに安易すぎて、「情けなかった」と言わざるをえません。このような思慮《しりょ》の浅いことを、なぜ国民的議論を経《へ》ないで行《おこな》ったのか疑問です。

金日成の一周忌に米を持っていけば、北朝鮮の内部の報道では、おそらく、貢《みつ》ぎ物を持って来たように言われるに決まっているのです。それが残念です。

北朝鮮《きたちょうせん》でマスコミの自由な取材を

もし、今、伝えられているように、北朝鮮《きたちょうせん》から米の追加支援を求められて、再び米を出すのであるならば、日本の政府は、少なくとも一つは条件をつけなくてはなりません。

日本のマスコミ――新聞や雑誌、テレビが、一カ月間、自由に北朝鮮を取材することの許可を求めなさい。当局の監視《かんし》なしで、一カ月間、日本のマスコミに自由に取材させなさい。

「今回の三十万トンの米が、軍事用、あるいは中国への売却《ばいきゃく》用に使われたのではなく、本当に民生用に使われたのかどうか。追加支援をするような窮状《きゅうじょう》に国民が陥《おちい》っているのかどうか。もし陥っているとして、それが本当に彼らを救うためのものなのか、それとも、そうした国家の窮状自体が政府の圧政によるものなのか」――それを調べてほしいのです。

そして、マスコミには、それを日本国民に伝える義務があります。

政府の代表団を送っても、彼らは騙《だま》されて帰ってきます。だから、私は「マスコミを北朝鮮に入れてほしい」と申し上げたい。少なくとも、それをしなければなりません。

5　日本の外交が進むべき方向

総理しだいで日本は隷従《れいじゅう》国家となる

日本の政府は、以上の二点の外交政策において、間違《まちが》った方向にハンドルを切ろうとしました。阪神《はんしん》・淡路大震災《あわじだいしんさい》、オウム事件という「内憂《ないゆう》」に続いて、「外患《がいかん》」が来ようとしたのです。

この二つを見ると、今後、日本がどのような方向にブレていこうとしているのかが、よく分かります。日米関係が険悪になり、日本はアジアのなかで孤立《こりつ》したリーダーの道を歩もうとするでしょう。

いや、今の村山《むらやま》総理の態度から言えば、あるいは、万一《まんいつ》、自民党の河野《こうの》総裁が次の総理にでもなることがあれば、日本は中国や北朝鮮《きたちょうせん》に隷従《れいじゅう》するような国になる可能性もあると思います。彼らはそういうメンタリティー（心的傾向《けいこう》）を持っている方たちなのです。

河野洋平《ようへい》という方は、奥州藤原氏《おうしゅうふじわらし》の四代目、藤原泰衡《ふじわらのやすひら》というのが過去世《かこぜ》の名前です。

泰衡の父親が源義経《みなもとのよしつね》をかくまったところ、源頼朝《よりとも》が「義経を殺せ」と言ってきたので、この泰衡は、「義経を殺せば、頼朝は奥州藤原氏を安泰《あんたい》にしてくれる」と思って、義経を殺しました。ところが、その結果、案に相違《そうい》して頼朝は奥州藤原氏を滅《ほろ》ぼしてしまいました。

この人は、正直ではありますが、政治的な眼を持たない方なのです。

河野氏が自民党の総裁になって二年、自民党は野党となったり、社会党の総理の下に甘《あま》んじたりしています。万一、河野氏が次の総理大臣になったとしたら、中国や北朝鮮に対して、朝貢《ちょうこう》外交をして隷従するでしょう。恐《おそ》ろしいことです。これは、日本の国家にとって、非常に大きな危機をもたらします。

日米の同盟関係維持《いじ》の重要性

私は北朝鮮の核《かく》兵器をそれほど怖《こわ》いとは思っていません。それを使うことは、おそらく彼らにはできないでしょう。日米安保《あんぽ》条約がある以上、現時点においては、報復のほうがはるかに大きなものになるからです。

また、中国も知ってのとおり核大国です。大陸間弾道弾《だんどうだん》の核ミサイルをはじめ、中距離《ちゅうきょり》・短距離のミサイルを含《ふく》めると、三百数十基の核弾頭を保有しています。そのうちの何十本かは、この日本列島に向いています。

しかし、彼らは、今、それを使うことはできません。その核ミサイルが目標に命中するだけの精度を持っていれば、それを使って日本の国を一日で滅ぼすことができるでしょうが、その報復としてアメリカからの核攻撃《こうげき》を受ければ、国が成り立っていかないことをよく知っているからです。

これが、日米安保体制の現在置かれている状況《じょうきょう》だと知ってください。

もし、この日米の同盟関係が切れた場合、どうなるでしょうか。日本は独自に、北朝鮮と中国の核兵器に対しての対応をしなければならなくなります。

米の援助《えんじょ》を続けて、北朝鮮政府のご機嫌《きげん》を取った結果、日本海沿岸に迎撃《げいげき》用のパトリオットミサイルを大量にずらりと並べなければいけない時代がやって来ることを、みなさんは歓迎《かんげい》しますか（米ソの冷戦が終わって後《のち》、自衛隊の北海道のパトリオットミサイル群の一部は、すでに日本海側にシフトされているのをご存じですか）。

あるいは、核大国の中国と核戦争をしても負けないだけの核兵器大国に、日本はなりたいですか。

それとも、核攻撃を受けたくないので、中国に対して「臣下《しんか》の礼《れい》」を取り、毎年、貢《みつ》ぎ物を贈《おく》って、保護を求めますか。あるいは、日中同盟を結んでアメリカと戦いますか。どうしますか。

そういうことを考えたときに、この「日米安保条約」というものは、ソ連の脅威《きょうい》が去った現在もなお、国家選択《せんたく》としては非常に大事なものであることが分かるのです。

ソ連の脅威が去って、今、日米の同盟関係が緩《ゆる》んでいます。そして、アメリカと喧嘩《けんか》をしたい政治家が出てきています。

その結果、日本は〝独立国〟を目指すようになり、「憲法第九条を改正して、日本も核大国になり、アメリカから離《はな》れて、日本だけがアジアを護《まも》る」というようなことを妄想《もうそう》する政治家が出てくることも考えられます。

しかし、その代償《だいしょう》は、おそらく高くつくでしょう。ですから、私は、今、「日米関係が非常に大事である」と言っているのです。これは、断じて離してはならないのです。

このことを考えれば、アメリカ側は〝かわいい〟ことを言ってきています。「アメリカ製の自動車を買え」と言う代わりに、「アメリカ製の自動車部品を買ってください」と言っているのです。日本車のほうが、性能はおそらくいいでしょうから……。

あるいは、自動車そのものにしても、アメリカは日本から年に百七十万台ぐらい買っていますが、「日本のマーケットは、年に十万台ぐらいはアメリカから買ってくれないだろうか」ということをアメリカは言っているのです。極《きわ》めて寛大《かんだい》で寛容です。

さらには、戦後五十年間（説法《せっぽう》当時）、日本が貿易において、本当に自由貿易をやってきたかといえば、答えは「ノー」です。自動車産業を護るために、政・官・財が一体となって事実上の保護貿易をやってきたことは、世界中が知っています。

それを棚上《たなあ》げして、今は世界の強者になったからといって、経済学の教科書どおり自由貿易を主張するということでは、なかなか納得《なっとく》されるものではありません。

日本は、世界経済に対して大きな義務があり、世界の軍事的安定に関しても見識を持つ義務があるということを知らなくてはならないのです。

この日米関係さえ堅実《けんじつ》に維持《いじ》することができれば、日本は再び軍事大国化する必要はありません。

国民を圧迫《あっぱく》する政治を転換《てんかん》するよう北朝鮮《きたちょうせん》に圧力を

私が北朝鮮《きたちょうせん》の政治を見るかぎり、五年、長くても十年以内には、今の政権は倒《たお》れるべきだと思います（説法当時の見解）。また、そうしなくてはなりません。

シナリオとしては、第一に、内部から崩壊《ほうかい》していきます。それは、北朝鮮が開国をしなければ生きていけなくなり、開国をして自由主義の国の人たちと仲間になるシナリオです。これは最も望ましいシナリオです。

第二のシナリオは、核疑惑《ぎわく》が本格化し、米国を中心とする経済制裁が起き、その結果、世界との取引が絶えて、国が瓦解《がかい》するというものです。

第三のシナリオは、経済制裁を受けて金正日《キムジョンイル》などが怒《おこ》り、日米韓《にちべいかん》に対して戦いを挑《いど》むというシナリオです。しかし、彼らには、勝てる可能性は万に一つもありません。国が滅びることになるでしょう。

できれば、自《みずか》らの意志によって、開国への道を歩んでもらいたいと思います。

私には、金正日という人は臆病《おくびょう》な方のように見えます。この方は、自分の命が助かるためであれば、政権を投げ出すぐらいのことはする方だと思います。アメリカは、今、この二代目の指導者の性格がどういうものであるかを慎重《しんちょう》に見極めている段階だと思います。

日本は、この問題を軍事的に解決するのではなく、平和の仲間へと導いていく方向で、北朝鮮を説得する努力をしなくてはなりません。そのためには、現在の北朝鮮がしているような、国民を洗脳し、圧迫《あっぱく》している政治を転換《てんかん》してもらうように、圧力をかけなくてはならないと思います。

香港《ホンコン》と台湾《たいわん》への大きな国家選択《せんたく》を問われる中国

中国に関しても、どういう政策を採ればよいのかが、政治家にとって悩《なや》みの種でしょう。確かに中国は軍事大国ですから、「怖い」という気持ちは否定できないでしょう。

しかしながら、中国の一人当たりの年収は、わずか八万円です。年収八万円という貧しい経済状態の国家が、本気で日本と戦えると思いますか。日本は一人当たり何百万円もの年収があります。物量面からの継戦《けいせん》能力を見ても、戦いになりません。

確かに、冷戦時代には、ソ連は非常に脅威でした。しかし、ソ連に比べると、中国は経済的にも軍事的にも、脅威としては数段低いものです（説法当時）。ですから、私は、中国とは戦わなくとも大丈夫《だいじょうぶ》であると考えています。

この中国問題に関しては、二年後（一九九七年）に返還《へんかん》される香港《ホンコン》の問題があります。中国は、今、「一国二制度を採って、共産主義の下《もと》でも、香港での自由貿易を認めるようにする」と言っています。

そして、中国は、台湾《たいわん》もまた、そのようにしながら吸収したいと考えていますが、台湾は独立を求めていることも、みなさんがご存じのとおりです。

●**中国は、今……**　中国政府は、「香港返還から50年は一国二制度を維持する」としていたが、その約束は破られ、2020年6月30日には「香港国家安全維持法」が成立。香港の民主化運動が弾圧される等、香港の自由は失われつつある。『人の温もりの経済学』（幸福の科学出版刊）第2章「香港危機に何を学ぶべきか」等参照。

香港の中国への吸収と台湾問題が、今後どうなるか――これが大きな国家選択《せんたく》になってくると思います。

中国の軍事的覇権《はけん》主義によって、東南アジアが脅《おびや》かされているという現実があり、東南アジアの国々は、現在、安全保障の増強に力を尽《つ》くしています。また、米中の緊張《きんちょう》関係も高まっています。

しかし、結論から言うと、今、開放市場経済の夢を味わっている中国十二億の民《たみ》は、軍事的に勝利することよりも、経済的繁栄《はんえい》のほうを求めると思います。

その結果、「一国二制度」とは言うものの、香港を吸収することによって、逆に「中国の香港化」が起きると思います。

香港のほうに中国の南部は引きずられ、「自由主義化できない中国」と「自由主義化できる中国」とが相克《そうこく》を起こし、中国は内部分裂《ぶんれつ》を起こすのではないかと思っています。

その流れから見れば、台湾問題もおそらく同じようになるでしょう。台湾は、中国の南部で資本主義化した部分があれば、そことやっていくことも可能であるし、そうできない場合には、独立ということもありえるでしょう。

中国は、「社会主義市場経済」の下で、資本主義、自由主義を吸収し尽くすことはできません。国家戦略、国家体制が経済に敗れる方向に流れていくでしょう。その結果、中国は、今世紀末から来世紀にかけて、アジアに対する重大な軍事的脅威にはなりえません。それが私の現時点での見解です。

ですから、日米関係を維持することに関しても、北朝鮮や中国を、ソ連の次の仮想敵国とした軍事同盟を結ぼうとする必要はありません。

6　新生日本の指針とは

今、明治維新《いしん》、第二次大戦後に続く「第三の開国の時代」が来ている

日本は現在、世界第二位の経済大国ですが、世界第二位の国が戦争をするとすれば、常識的には世界第一位の国と戦うはずです。それはアメリカです。ですから、日米関係を強化することは、日米戦争を起こさないためにも大切な選択《せんたく》なのです。

ゆえに、これからの日本の国家運営に関しては、引き続き、日米関係の強化を図《はか》るべきです。

そして、アメリカが今主張しているように、日本の市場を開放しなくてはなりません。自由貿易といって関税だけを問題にしても駄目《だめ》であって、日本の国内が、流通において外国に開放されていないのは事実なのです。

何百年もの文化的伝統がある日本の問屋制をアメリカ側が理解していないのは、私もよく分かります。

しかし、問屋制というものは、交通が不便な時代には役に立ちましたが、現代のように、日本中のどこであっても、一日でエンドユーザー（末端《まったん》消費者）にものを送れる時代においては、世界経済にとって、もはや閉鎖《へいさ》的要因にしかならないと思います。

ですから、流通経路をもっと正常化し、開放すべきです。そして、輸入経済を興《おこ》し、内需《ないじゅ》を活発にしていかなければなりません。

そして、これからは、アメリカだけではなく、アジアからも数多くのものを買ってあげなければ、彼らが二十一世紀において発展することはありません。それは、戦後の五十年間、アメリカが発展途上《とじょう》国に対して一貫《いっかん》して採ってきた政策なのです。

それを、今、日本がやらなければなりません。彼らを発展させるために、多くのものを買ってあげなくてはならないのです。

明治維新《いしん》、第二次大戦後に続く、「第三の開国の時代」が、今来ているのです。日本はもっと国際化しなければなりません。

日本よ、精神大国となれ

宗教においても、日本神道《しんとう》のなかには、依然《いぜん》としてアニミズム（精霊崇拝《せいれいすうはい》）然とした、後《おく》れた部分があります。それは、樹木や石、蛇《へび》や狐《きつね》などを拝《おが》むような信仰《しんこう》です。先進国から見ると、それは〝悪魔《あくま》の信仰〟に見えるでしょう。現実には〝悪魔の信仰〟ではないにしても、後れた信仰形態であることは間違《まちが》いありません。

先の日米戦争も、そういう宗教観の違いから起きました。日本は悪魔の国ではなかったけれども、宗教が後れていました。それが、やはり相互《そうご》理解を妨《さまた》げました。

日本は宗教的にも、もう一段、洗練されなければなりません。

欧米《おうべい》のリーダーから見ると、日本はまだ精神年齢《ねんれい》十八歳《さい》に見えています。

「日本は、体はもう大人だけれども、一人では何も決断できない。そうした国が世界一の国になったら、世界は掻《か》き回されて、混乱に陥《おちい》っていくだろう。日本よ、一人前になりなさい。精神大国になりなさい。リーダーとして、判断していけるようになりなさい。そのためには、自分の考え方をよくまとめて、世界を見据《みす》えて、方向を定めよ。そして、世界の人たちを導いていけるようになりなさい」――そう彼らは思っています。

そのためには、まだ、十五年から二十年の歳月が必要とされるように、私は思います。

「文化競争の時代」となる流れが望まれる

今後、望まれるのは、「軍事競争の時代」から「経済競争の時代」へ、「経済競争の時代」から「文化競争の時代」へ、という流れです。

今、歴史の転換点《てんかんてん》に立って、日本はそれを成し遂《と》げることが可能な立場にあります。

各国は、世界の経済に対して責任を持ち、さらには、もう一段高い文化を自国につくって、文化の高みを目指してお互《たが》いに競争する――そういう時代をつくっていかねばならないのです。これが二十一世紀以降の時代です。

軍事大国化し、核《かく》兵器で国同士が競《きそ》い合う時代は終わりました。むしろ、核兵器をどんどん削減《さくげん》させていくことにイニシアチブ（主導権）を取る時代です（説法《せっぽう》当時）。

そうしたことが、アメリカの赤字体質を改善するためにも役立つでしょう。彼らも、「軍事的に海外駐留《ちゅうりゅう》軍を撤退《てったい》していきたい」という気持ちを持っているでしょう。

そのためには、世界が平和な方向へと向かう必要があります。

7　日本の政治に光の柱を

幸福の科学が活動を始めてから十年近くたち、
日本は大きく変わってきました。
世界も、今、変わりつつあります。
国内的には世紀末現象が起き、世界的にも苦しい時代が続いています。
しかし、私は、今、一つの希望を持っています。

日本を変えていくことは可能である。
世界を変えていくことも可能である。
私たち自身の手によって、その「縁起《えんぎ》の理法《りほう》」によって、変えていくことが可能である。
そう思います。

世紀末といわれる一九九九年まで、あと四年です。
創価学会《そうかがっかい》に〝完全憑依《ひょうい》〟された新進党政権が世紀末の日本を牛耳《ぎゅうじ》って、日本を軍事大国化し、
中国や北朝鮮《きたちょうせん》と戦争をするような時代が来れば、
戦争はまた、天変地異を起こし、食料危機を起こし、
世界は奈落《ならく》の底に沈《しず》んでいくことになると思います。

そういう時代を避《さ》けて、希望の二十一世紀を拓《ひら》くためにも、
そして、世紀末において、天変地異を抑《おさ》え、世界の経済の崩壊《ほうかい》を抑え、
日本の安全を護《まも》り、日本を素晴《すば》らしい国に変えていくためにも、

私たちは勇気のある決断を迫《せま》られていると思います。

そうです。
悪を押《お》しとどめるだけでなく、善を推《お》し進めることが、
今こそ大事であると思います。
日本に「光の牙城《がじょう》」が必要です。
日本の政治の頂点に、光の柱を、灯台を、立てるべきです。
天上界《てんじょうかい》の加護《かご》を受けた政治を日本に実現すべきです。
それでこそ、世紀末を乗り切り、
来世紀以降の黄金の世界をつくっていくことができると思います。

われらのためではなく、
日本のために、

世界のために、
地球のために――。
幸福の科学の考えを政治に活《い》かしましょう。
みなさん、どうか頑張《がんば》ってください。
私も、その方向で努力いたします。

第10章

未来への選《せん》択《たく》

1 智慧《ちえ》を得て、苦しみに打ち勝つ

仏教として正統であるかを見分けるための「三つの教えの旗印《はたじるし》」

今年、幸福の科学は、年初から、「宗教選択《せんたく》の時代である」と宣言し、さまざまな活動を行《おこな》ってきました。

その結果、まだ完全なかたちではありませんが、私の言っているとおり、「宗教には、正しいものと、そうでないものとがある」ということが、国民に広く知られてきたように感じられます。

なかでも、仏教系の二つの教団に関して、非常に大きな話題になったことも、まだ、みなさんの記憶《きおく》に新しいところかと考えます。先に問題になった教団は、小乗《しょうじょう》仏教的問題をはらんでおり、後《のち》に問題になった教団では、大乗《だいじょう》仏教的側面を持つ問題が出てきたように感じられます。

そこで、宗教全般《ぜんぱん》というよりも、むしろ仏教に限ってみて、「いかなる教えが仏教として正統なのか。そして、いかなる教えが、あるいは行動が、異端《いたん》であるのか」ということを考えてみたいと思います。

釈迦《しゃか》仏教の根本《こんぽん》は、「三つの教えの旗印《はたじるし》」によって明確にされています。これを「三法印《さんぼういん》」といい、この三つの印を見れば、それは仏教であるということが確認されます。

その第一は「諸行無常《しょぎょうむじょう》」という教えです。第二は「諸法無我《しょほうむが》」という教えです。第三は「涅槃寂静《ねはんじゃくじょう》」という教えです。

この三つを備えていなければ、仏教ではありません。少なくとも、釈迦の教えた仏教ではありません。

変化していくことこそ、人生や世界の本質と悟《さと》れるか（諸行無常《しょぎょうむじょう》）

では、最初の旗印である諸行無常《しょぎょうむじょう》とは何でしょうか。それは、「この地上における、ありとしあらゆるものは移ろいゆく」という教えであります。すべては、ゆく川の流れにも似て、一時《ひととき》も同じところに住《じゅう》することはありません。

この世の中のすべての出来事には、原因があり、結果があります。そして、時々刻々、毎日毎日、毎時間、毎分毎秒、時の流れとともに、新しい原因行為《こうい》が始まり、新しい結果が生まれます。

川の水の流れを誰《だれ》も押《お》しとどめることができないように、あなたがた一人ひとりの人生も、また、あなたがた全員がかたちづくっているところの社会も、国も、世界も、日々、新しい原因行為によってつくり変えられ、変化し、流れていきます。

ちょうど春夏秋冬《しゅんかしゅうとう》があるように、春が来て、夏が来て、秋が来て、冬が来るように、花が芽吹《めぶ》き、咲《さ》き、咲き誇《ほこ》り、枯《か》れ、そして、冬がやって来るように、あなたがたの人生にも春夏秋冬があり、大きな流れとしては、誕生があり、成長があり、老いがあり、死があります。誰もその時間の流れを止めることはできません。

小さな赤《あか》ん坊《ぼう》が子供となり、やがて大人となり、社会に出、結婚《けっこん》をして独立し、子をもうけ、やがて老い、孫ができ、病《やまい》となり、この世を去っていきます。このプロセスは、万人《ばんにん》に対して当てはまるのであって、誰一人、ここから逃《のが》れることはできません。

これが、「諸行無常」という言葉の意味です。

このように、移ろいゆき、流れていく人生のなかにおいて、あなたがたは何をとどめようとしているのか。何をつかもうとしているのか。川のなかの杭《くい》に、必死になってしがみつこうとしているのではないでしょうか。

それを「執着《しゅうちゃく》」と呼びます。しかし、それは、はかないことです。虚《むな》しいことです。

むしろ、流れていくことこそ、人生の本質であり、世界の本質であるのです。

「執着《しゅうちゃく》すべき自分も、自分のものもない」と言い切れるか（諸法無我《しょほうむが》）

二番目の旗印、諸法無我《しょほうむが》とは、いかなる意味でしょうか。「諸々《もろもろ》の法は無我である」――この無我とは、そして、無我であるところの諸々の法とは、何でしょうか。これは「教え」という意味ではありません。「一切《いっさい》の存在」という意味でのダルマ、法です。

この世の中には、ありとあらゆる存在がありますが、それぞれは独自の存在のようにも見えます。しかし、はたして、それに実体があるか。これを釈迦仏教は探究したのであります。そして、その結論として、「すべての存在は無我である」「われなるものはなし」と言い切ったのです。

それは、どういうことでしょうか。あなたがた一人ひとりに分かるように言うとするならば、「われという存在はない。わがものという存在もない」ということです。これは、しかし、「真なる認識において」という意味ではあります。

あなたがたが「自分だ」と思っているその自分は、本当に、自《おの》ずからなる性質を有し、宇宙において唯一《ゆいいつ》独自の、無比の、常なる存在であるかどうか。「これが私だ」と言い切れる存在であるかどうか。「これが変わらない私である」と言い切れるかどうか。

しかし、すでに諸行無常の教えで説いたように、あなたがたは、生まれ、成長し、老い、病に罹《かか》り、そして、死んでいきます。この肉体の変化一つを取っても、誰も止めることはできません。老いを止めることができる人はいないのです。

今、あなたがたが「わがもの」と思っているものでさえ、自分のものにしておくことはできません。

あなたがたが「わが家《いえ》だ」と思っている家も、いずれ朽《く》ち、地上のものではなくなります。あるいは人手に渡《わた》っていきます。

楽しい学校生活をしていても、その学校もいつまでもはありません。やがては、建物が消えたり、あるいは新しくなったり、よそに移ったりします。そして、先生も生徒も別の人たちになっていきます。

「このまま幸福な状態をじっと抱《だ》きしめていたい。時間を止め、空間を止め、このままの私、このままの世界で止めておきたい」と思っても、残念ながら、一切の現象は滅《ほろ》びに向かって変化しています。

この世に存在するもので、その内に滅びの性質を持っていないものは、何一つないのです。この世におけるありとしあらゆるものは、すべて滅びに至ることが、その誕生より決まっているのです。

したがって、「これが私である」と執着《しゅうちゃく》すべき自分も、そう、あなたもなければ、「これが私のものである」と執着すべきものもありません。

お金も、建物も、人間関係も、どれ一つとして、永遠にそのままで置いておくことはできないのです。親しい人も、やがては別れ、死んでいきます。そのような、常なるもののない世界に、あなたがたは生きているのです。

すべては流れ、すべては滅びていく世界のなかで、欲望に執《とら》われ、執着に苦しんでいます。われならぬ肉体が発するところのさまざまな欲望によって、苦しんでいます。物質欲、金銭欲、情欲、名誉欲《めいよよく》など、いろいろな欲望によって、支配されているはずです。

しかし、そのほとんどは、この世において、自分というものを永遠不滅《ふめつ》の存在であるかのように錯覚《さっかく》していることから始まっているところの「迷い」なのです。

政治の世界においても、そうです。自民党、新進党、社民党、共産党と、いろいろな政党がありますが（説法《せっぽう》当時）、すべての政党は、二十一世紀には地上から消えてなくなります。その、やがてはなくなるものの運命と、自《みずか》らの運命とを一つのものと見て、闘《たたか》い、苦しみ、疲《つか》れ、人々は死んでいきます。

すべては泡沫《うたかた》のごとき存在であるのです。執われより苦しみは生まれてくるのです。

煩悩《ぼんのう》の炎《ほのお》を鎮《しず》め、平安の境地に入《い》れるか（涅槃寂静《ねはんじゃくじょう》）

諸行無常、諸法無我という教えに続いて、涅槃寂静《ねはんじゃくじょう》という教えがあります。

あなたがたは、涅槃という言葉を、「この世を去った、あの世の世界のこと」と考えているかもしれません。そう、それもまた涅槃の世界──「涅槃界」であります。

しかし、釈迦仏教における涅槃とは、この世を去った、あの世における理想の世界のことのみを言うのではありません。そうであれば、生きている人間には、涅槃の世界というものは永遠に訪《おとず》れないことになります。死後のみが、その世界であるならば、人間がこの地上に生まれてくること自体が間違《まちが》いなのではないでしょうか。

しかし、人は繰《く》り返し、繰り返しこの世に生まれてきます。そして、欲望の苦しみのなかで、「その苦《く》から、いかに逃れるか」ということで、その苦と格闘《かくとう》し、浮《う》きつ沈《しず》みつしながら人生を流れています。

そのなかにおいて、実在界におけるところの理想の世界を体現することができるでしょうか。身をもって知ることができるでしょうか。

それができたならば、それを「悟《さと》りを開いた」と称《しょう》し、その悟りを開いた人間のことを「仏陀《ぶっだ》」というのです。

それは不可能なことではありません。ゴータマ・シッダールタが仏陀となりえたがゆえに、二千五百数十年にわたる仏教の歴史はあったのです。

さすれば、その方法は可能なるものであり、また、正しい方法に則《のっと》って修行《しゅぎょう》をするならば、教えが正しく説かれ、弘《ひろ》まり、人々に受け継《つ》がれ、体得され、実践《じっせん》されたならば、その法を伝えられた人々もまた、自ら修行をして、悟りの世界に入《い》ることができるのです。それが伝道の持つ意味であり、大乗仏教の始まりでもあります。

では、涅槃の境地とは、いかなる境地でしょうか。

あなたがた一人ひとりは、肉体から発するところの、さまざまな悪《あ》しき精神作用に執われているはずです。それを「煩悩《ぼんのう》」と称します。

煩悩は、燃え盛《さか》る炎《ほのお》にも似て、自ら自身から炎を出して、自ら自身をその炎によって焼き尽《つ》くします。また、煩悩は、鉄から出た錆《さび》にもたとえられます。錆は、確かに、鉄から生まれ、鉄そのものを滅ぼします。

同じように、煩悩は、みなさんの生きるエネルギーのなかから生まれてきたものではありますが、そのエネルギーを生んでいるところの、あなたがた自身をも滅ぼす性質を持っています。

この煩悩の炎を鎮《しず》めること、吹き消すこと、そこに現れたる平安の境地、平和の心、それが涅槃の境地です。

その涅槃の境地に入ることを「解脱《げだつ》」といいます。

仏教の基本が理解されれば、自《おの》ずから宗教の正邪《せいじゃ》は定まる

今年（一九九五年）の前半、「解脱」という言葉を安易に使った、問題のある宗教教団がありました。しかし、解脱とは心の平和をもたらす行為であり、殺人思想

とは関係のない考えであります。

およそ、仏教の基本が正しく理解されているならば、自《おの》ずから宗教の正邪《せいじゃ》は定まります。そして、邪教に迷わされる人も出なくなるのです。

今述べたように、「諸行無常」「諸法無我」「涅槃寂静」、これが三法印といわれる仏の教えの旗印であり、これを失った仏教は、仏教としては正統ではなく異端であるか、あるいは、はるかに中身の薄《うす》い教えを奉《ほう》じていると言わざるをえません。

このように、私たちが、今、住んでいるところの、縦・横・高さの三次元世界を仮の世と見て、その仮の世における、仮の肉体的存在なるわれを、「真なる存在ではない」と見抜《みぬ》き、そして、「この世において、実在界に生きていたときと同じ心でもって生きることが悟り」であり、仏教の求めるところであり、布教《ふきょう》の目的でもあるのです。

毒ガスで人を殺すような教団は、根本的なる仏陀《ぶっだ》の教えに反している

この物質世界において、さまざまな人が、さまざまな理由によって、日々、苦しんでいます。煩悩の炎に焼かれ、焦《こ》がれています。この苦しみから人々を救うために立ち上がったのが、釈尊《しゃくそん》なのです。

そして、釈尊は、「その教えの力によって、その智慧《ちえ》の力によって、あなたがたは目覚めなさい。教えの力によって、教えを理解し、自分のものとすることによって、それを智慧と変えることによって、人生の苦悩と闘いなさい。欲望と闘いなさい。そして、心の平安をつかみなさい。そして幸福になりなさい」という教えを説きました。

このように、あくまでも出発点は、「悟りを求める」という、一人の行為に始まったのです。

その結果、得られたるものが「智慧」です。この智慧は、それを他の人に教え、

伝えることによって、人類の共通財とすることができるものなのです。その智慧を広げる行為を「慈悲《じひ》」といいます。これが、伝道、教化《きょうけ》、布教などといわれている行為です。

一人の悟りたる人間が得たところの智慧を、周りの人に広げていくこと。そして、その智慧を得た人がまた、自らの悩み苦しみに打ち勝って、清浄《しょうじょう》なる心を得、心の平安を得ること。これが、仏教の基本的な教えの枠組《わくぐ》みであり、行動の枠組みであります。

さすれば、ある教団のように、毒ガスをもって人を殺したり、麻薬《まやく》を用いて陶酔《とうすい》したりすることは、悟りとは何ら縁《えん》のないことであることが、あなたがたにはお分かりのはずです。

また、三法印の教えからすれば、呪術《じゅじゅつ》的な文句《もんく》として、「南無妙法蓮華経《なむみょうほうれんげきょう》」を何百万回唱えたところで、煩悩の炎は消えないこともお分かりのはずです。

それは、根本的なる仏陀《ぶっだ》の教えに反しているのです。

2 「縁起《えんぎ》の理法《りほう》」の理解を深め、自他共に幸福に

正しい心を持って生きた人は、正しい結果が必ず現れる（時間縁起）

釈尊《しゃくそん》の説いた教えはさまざまにありますが、その中心的位置を占《し》めているものの一つに、「縁起《えんぎ》の理法《りほう》」「縁起の法則」があります。

この縁起の法則は、主として二つの点から理解されるべきです。

第一点は、これを時間的流れにおいて理解することです。それを「原因・結果の法則」といいます。

人はそれぞれ、日々、自《みずか》らの幸・不幸の原因となる行為《こうい》をなしています。あるいは、そのような思いを持ち、行為をなしています。その結果、その日のうちか、近い将来か、遠い将来か、死して後《のち》か、必ず結果というものが現れてきます。

この原因・結果の法則、すなわち「時間縁起」が、縁起の法則の第一点であります。

昔から、「まかない種は生《は》えない」ともいいます。あるいは、「まいた種は刈《か》り取らねばならない」ともいいますが、みなさんが現在ただいま達しているその心境も、自分の置かれているところの環境《かんきょう》も、必ず原因があって、今があります。

しかし、人は言うかもしれません。「善因善果《ぜんいんぜんが》・悪因悪果《あくいんあくが》とは言うが、必ずしもそうではないのではないか」と。

「『よい原因行為をした者には、よい結果が現れ、悪い原因行為をした者には、悪い結果が現れて当然である』と思うけれども、現実にこの世界を見るかぎり、そうも見えない。悪人であるにもかかわらず、栄えているようにも見えるではないか」と言う人もいるかもしれません。

このように、よい原因にもかかわらず、悪い結果が出ているように見えたり、悪い原因にもかかわらず、よい結果が現れているかに見えたりすることを「異熟《いじゅく》」といい、その結果を「異熟果《か》」といいます。

なるほど、世の中の普通《ふつう》の人には、それはまことに奇《き》っ怪《かい》なことのように思えるかもしれません。しかし、よくよく観察してごらんなさい。

この世的には成功しているように見える人であっても、その成功の原動力が、その人の持つところの欲望である場合、その人は欲望の炎《ほのお》をさらに燃え立たせて、大きな欲望へと変えています。

傍目《はため》には成功しているように見えても、よくよく目を凝《こ》らしてみなさい。その人は燃えている。眼も、鼻も、口も、体も、心も、炎に包まれ、燃えている。煩悩《ぼんのう》の炎に包まれ、平安なる心を失って、欲望のなかに、猜疑心《さいぎしん》や嫉妬心《しっとしん》、恐怖心《きょうふしん》のなかに生きています。

結果を、外面的な成功だけに求めてはなりません。よくよくその姿を見るならば、苦しんでいるはずです。

また、清く生きたように見えても、この世的には恵《めぐ》まれない最期《さいご》を終えたように見える人もいるかもしれません。しかしながら、この世において成就《じょうじゅ》しなくとも、そのために努力したことは、その人の魂《たましい》の糧《かて》として確実に残っています。すなわち、「この世を去った世界が厳然としてある」ということが、仏の、そして神の、公平な世界があるということの証明です。

仏神《ぶっしん》の心、その教えに則《のっと》って生きた人が、最終的に苦しみを得ることはありません。また、仏神の教えに反した人が、最終的に安らぎの世界に入ることはありえません。それは実に単純明快《たんじゅんめいかい》な世界です。

報《むく》いられないということは、まったくありえない世界なのです。正しい心を持ち、正しく生きた人には、正しい結果が必ず現れるのです。それが仏の創った世界なのです。あなたがたは、その世界を信じるがよいと思います。

この現象世界においては、原因と結果が必ずしも整合していないように見えます。しかし、そうした論理的矛盾《むじゅん》があるからこそ、「世界はこの世だけではない」ということが明確に分かるのです。この世以外の世界があって初めて、論理が完結するのです。

これが、原因・結果の法則、あるいは時間縁起といわれるものです。

人間の営《いとな》みが相互《そうご》に影響《えいきょう》し合って、すべてが成立している（空間縁起）

もう一つは「空間縁起」といわれるものです。いわゆる、存在の世界においての縁起、関係の法則においての縁起です。

人というものは、一人独立して存在するのではありません。家族、友人、あるいは、共同体の人々、会社の人々、世界の人々など、それぞれの人の営《いとな》みがお互《たが》いに影響《えいきょう》し合っています。

それが、「経済」というものの持つ意味でもあろうし、「政治」というものの持つ意味でもあろうし、「文化」というものの持つ意味でもあろうし、「教育」というものの持つ意味でもあろうと思います。

お互いに影響し合って生きています。日本人の生活とアメリカ人の生活とは、貿易を媒介《ばいかい》として影響し合っています。みなさんが勤めている会社と外の会社とは、経済行為を通じてお互いに関係し合っています。

それと同じように、いろいろな人間の営みが相互《そうご》に影響し合って、すべてが成立しています。

この東京ドームの講演であっても、私一人でできるわけではありません。数多くの人の力によって、成り立っています。多くの人の力によって、運営する力によって、つくり上げる力によって、人々を招き寄せる力によって、成り立っています。

これが縁起なのです。

互いに相依《あいよ》って生きている存在であるということ。この「相依性《そういせい》」が、人間の持つもう一つの本質であります。お互いに支え合って生きているのです。これが、人生のもう一つの本質なのです。

釈迦《しゃか》が求めた真の幸福への道とは

人生は、原因・結果の時間的法則と、
「互いに支え合って生きている」という、
空間的縁起、関係の法則によって成り立っています。
釈迦《しゃか》が説いたのも、ここです。

「人が幸福に生きるには、どうしなければならないのか。
それは、まず各人が、自ら自身の心のなかによき種をまき、よき行為をなすこと。
自ら自身を正すことによって、幸福な人生をつくり出すこと。
自分の人生に責任を持つこと。
万人《ばんにん》が、自分自身の幸福に対して責任を持つこと。
幸福になる義務を確認すること。

自ら自身の心というものを、よく統御《とうぎょ》して乗りこなすことだ。
そして、幸福になりなさい。

さらには、あなた一人の人生ではない。
他の人々と互いに影響し合って生きている。
すなわち、重重《じゅうじゅう》無尽《むじん》の人生であり、
網《あみ》の目のように互いに結び合って、人々はこの世に生きているのだ。
網の結び目と結び目は、別々のようでありながら、
互いにロープによって結ばれている。
そのように、お互いは生かし合って生きているのだ。
この法則を知りなさい。

これを知ったときに、

自分一人のエゴイスティック（利己的）な生き方をしてはならない。
自分を幸福にする道が、同時に、
他の人々を幸福にする道に通じていなくてはならない。
この教えによって、あなた自身が、苦しみを取り除き、幸福になれたならば、
他の人々にも、その幸福を伝えなさい。
他の人々をも、幸福にしてあげなさい。
それが慈悲《じひ》である」

こうした観点を明確に持っていたのであります。

3　釈迦《しゃか》教団に見る民主主義的な組織運営

自由闊達《じゆうかったつ》に議論をし、物事を決めていた釈迦教団

したがって、社会的観点から見た釈迦《しゃか》仏教は、完全なる個人主義でもないし、かつまた、個人というものを蔑《ないがし》ろにした全体主義的な世界観でもありません。

ここで、釈迦教団の社会的性格についても述べておきたいと思います。

仏教教団の出家修行者《しゅっけしゅぎょうしゃ》のことを、「比丘《びく》」「比丘尼《びくに》」といいます。比丘は男性の修行者、比丘尼は女性の修行者です。そうした人たちの集まりを「サンガ」といい、「僧伽《そうぎゃ》」と書きます。

このサンガのもとの意味は何であるか。当時のインドでは、政治において「共和政体」が行われていましたが、その政治モデル、政体のことを「サンガ」といって

いました。サンガという言葉は、僧による出家団体の名前ではなかったのです。もとは政治的団体のあり方の名前だったのです。

釈迦自身は、カピラヴァスツというところの王子、釈迦族の国王の子として生まれたと言われています。しかし、この国王というのは、厳密な意味での国王ではなく、さまざまな集まりの代表者のなかから選ばれた議長的存在としての国王でした。君主のいない政治形態のことを「共和制」といいますが、釈迦国では共和制を取り、「各界の代表者が集まり、共に議論し合って物事を決める」という、議論を重視した運営の仕方を取っていました。

この政治形態を出家修行者たちの団体のなかに取り入れたのが、釈尊《しゃくそん》だったのです。そして、それを「サンガ」と呼びました。サンガのなかでは、教団内の自治というものがありました。

サンガという言葉には二つあります。一つは「現前サンガ」という言葉です。「目の前にあるサンガ」ということです。

現前サンガというのは何かというと、出家者が四人以上いれば、ここで一つの共同体が成立します。これをサンガといいます。「出家者が四人以上集まって、物事をよく考え、議論して、正邪《せいじゃ》を判断しなさい」ということです。これが現前サンガであり、比丘、比丘尼の集団が四人以上いれば成立しました。

もう一つの呼び名は「四方サンガ」です。これは、あらゆるところに広がっている釈迦教団全部を指した言い方です。そういうことをサンガといいました。

当初は、出家した男女の集団のことをサンガといっていましたが、やがて、在家《ざいけ》の信者が増えたことによって、在家の熱心な信者のこともサンガというようになりました。

これがサンガの意味です。サンガは、「修行者が集まり、自由闊達《じゆうかったつ》に議論をして、物事を決めていきなさい」という自治的な組織であったのです。

釈迦教団でも実践《じっせん》されていた「法律の下《もと》の自由」

もう一つ、驚《おどろ》くべきことがあります。

当時の教団には、「戒律《かいりつ》」というものがありました。比丘の二百五十戒、比丘尼の三百四十八戒です。戒律というのは、教団内の法律と考えて結構かと思います。

男性修行者には、だんだんに数が増えていって、代表的には二百五十の戒律がありました。女性修行者には、細《こま》かなところにまで配慮《はいりょ》して、三百四十八の戒律がありました。

釈迦教団では、「こういう場合には、こうしなさい」という戒律を、いろいろな事案ごとに話し合って制定していたのです。それを「波羅提木叉《はらだいもくしゃ》」、あるいは「戒《かい》本《ほん》」といいますが、こうした戒律を定めたことが、釈迦教団の非常に大きな特徴《とくちょう》として挙げられます。「戒律を守っていれば、修行者としての本分《ほんぶん》を失うことはない」というやり方であったわけです。

　したがって、戒律が定められると、その戒律に照らして、現前サンガ、すなわち、そこに集まっている比丘や比丘尼たちが、自分たちで判断をしていきます。あるいは、仏陀《ぶっだ》の説いた法を記憶《きおく》している者がいれば、その教えに照らして、毎日の起きる事柄《ことがら》を一個一個判断していきます。こうした生活形態を取っていました。

　二十世紀にノーベル経済学者として名を馳《は》せたハイエクという人がいますが、この人の言っているところの「法律の下《もと》の自由」論というのは、二千数百年前、すでに釈迦教団のなかにおいて実践《じっせん》されていたことなのです。

　二十世紀は、「自由」ということが非常に大事に言われている世紀でありますけれども、自由が他の人の権利や権益を侵《おか》してはならないので、国会において法律をつくります。「法律を犯《おか》さない範囲《はんい》で、各人は自由である」というのが、法治国家の意味です。

　そして、問題があるときには、代表者が相寄《あいよ》って法律をつくり、その法律の範囲内で、各人は自由を保障されます。お互《たが》いに、悪意を持って、他の領域を侵さないように、他の人の利益を侵さないように、法律に則《のっと》って自由が保障されているのです。

これが、近代的民主主義社会、法治国家のあり方ですけれども、これは、二千数百年前に釈尊が説いていた教えと、あるいは、教団を運営していたルールとまったく同じことなのです。

問われるものは、法律をつくる人の心境や、国民の心情

私が言いたいのは、こういうことです。

仏教の教えというものは、民主主義の理想と何ら変わるところはありません。また、法治主義とも何ら変わるところはないのです。仏教の教えのなかには、極端《きょくたん》な個人主義や個人礼賛《らいさん》もなければ、全体主義的な独裁もありません。

釈迦自身は自分のことを何と言っていたか。「法を見る者は、われを見る。われを見る者は、法を見る」と述べています。

「教えが自分自身である。教えこそ自分である。教えを離《はな》れての自分はない。あなたがたは、私の肉体を私自身だと思ってはならない。私の説く法が、私なのである」ということを明確に述べています。

そこには、「この地上に下《お》りたる一個の人間の頭脳によって、人々を支配しよう」とか、「国家を支配しよう」とかいう考えは微塵《みじん》も見られません。

そこにあるのは、この宇宙を貫《つらぬ》くところの普遍《ふへん》の法則を示さんとする熱意、それのみであります。

「宇宙の理法《りほう》を示した教法《きょうほう》こそ、わが命である」と述べていたのであります。「その教えを知ったならば、見たならば、われを見たのと同じである」と言っていたのです。

したがって、仏教的なる理想を真に知っているのであるならば、その行動原理はまた民主主義的で、かつ法治国家になじむものでなければなりません。それを打ち破り、踏《ふ》み外すものであるはずがないのです。

そして、強《し》いて言うとするならば、「国において法律をつくっている人たちの心境や、いかに。さらには、その人々を選出しているところの国民《くにたみ》の心情や、いかに。その心のあり方や、いかに」――問われるのは、ここです。

4 正しい宗教が未来を変え、人類を幸福にする

人類の幸福を阻《はば》む「邪教《じゃきょう》」と「無神論・無宗教論」

私は、「宗教の正邪《せいじゃ》」ということを、今年一年、説いてまいりました。そして、私の説くところの教えに則《のっと》り、この国も少しずつ動いてはきています。

しかし、ここで確認しておかねばならないことがあります。

それは、「正しい宗教ではないもの、いわゆる邪教というものによって、国、あるいは世界が支配された場合、人類の未来は悲惨《ひさん》である」ということです。これが

第一点です。

しかしながら、邪教は人々を滅《ほろ》ぼすものであり、不幸にするものであるからといって、邪教を弾圧《だんあつ》する過程において、よきものも悪《あ》しきものも関係なく、宗教そのものを、無用なもの、不要なものと思うならば、それもまた悪魔《あくま》の手中に落ちた心と言わざるをえません。

正しい考え方は、こうです。

人々は、邪教を選択《せんたく》してはならない。邪教を信仰《しんこう》してはならない。それは、あなたがた一人ひとりの幸福にならないだけでなく、社会の幸福、人類の幸福にもつながらない。

よって、その選択はなすべきではありません。

しかしながら、もう一方では、無神論、無宗教論が、次第《しだい》に力を増さんとしているかのようにも見えます。

「宗教はアヘンである」と言ったのは、十九世紀のマルクスです。その教えは、はたして正しかったか。宗教が出ていったところに現れたるは、大量の粛清《しゅくせい》であり、弾圧であったはずです。あの世の恐《おそ》ろしさを知らない人間は、この世の人を殺しても、何の罪も感じないし、怖《こわ》さも感じないのです。これが、唯物論《ゆいぶつろん》の最大の敗北と言えるでしょう。

「宗教はアヘンではない。あの世は実在し、仏陀《ぶっだ》もまた実在する」――これが世界の真理です。

したがって、邪教を滅ぼすに急であることはよいが、同時にまた、無宗教論、無神論を、この地上にはびこらせてはなりません。そんなことになれば、この世紀末日本を、そして、世界を救うこともまたできなくなります。それほどまでに愚《おろ》かであってはならないと考えるものです。

新たな世界宗教の出現こそ、人類の未来を変える鍵《かぎ》

「正しい宗教が、人々を幸福にし、人類を幸福にする」――

この真理に一点の誤りもありません。
正しい国の繁栄《はんえい》は、正しい宗教の繁栄から始まります。
そして、これから求められるところの正しい宗教とは、
民族の枠《わく》を超《こ》えたるものでなくてはなりません。
二十一世紀の世界の流れは、もう見えてきました。
「科学万能《ばんのう》の二十世紀がつくり出した大量の暗黒想念を、いかにして晴らすか」
ということが、次の時代の課題であります。

また、二十一世紀には、
民族と宗教の問題が世界各地から噴出《ふんしゅつ》するでありましょう。
この世界各地の「宗教問題」「民族問題」を解決するための世界宗教の出現こそ、
今、人類にとって最も求められていることなのです。
この世界宗教が、今、現れるか否《いな》か。

これが、人類の未来を変えていけるかどうかの鍵《かぎ》を握《にぎ》っています。

未来というものは、
縁起《えんぎ》の理法《りほう》どおり、変えることが可能なものです。
一人ひとりの心のなかにおいて、行動において、変えることができます。
そして、多くの人々の力を結集することによって、
さらに大きく大きく変えていくことができるのです。

私がこの地上に生まれたのは、人類の未来を変えるためです。
明るい二十一世紀を拓《ひら》いていくためです。
あなたがたに未来を贈《おく》るためです。
未来の人類に幸福を与《あた》えるためです。

幸福の科学という団体はすでに存在し、
この国で最大の存在の一つになっています。
しかし、私自身の考えは、教団としての幸福の科学の利害を離《はな》れています。
心は、すでに万里《ばんり》の波濤《はとう》を乗り越《こ》えて、全世界人類の救済のなかにあります。
「地球的仏法真理《ぶっぽうしんり》の確立こそ、わが使命である」と考えているのです。

真なる宗教は公器であり、不毛な宗教議論は不要である

そして、その法を全世界に宣《の》べ伝えるべく、
集《つど》い来たりたる諸菩薩《しょぼさつ》が、あなたがたではないのでしょうか。
菩薩とは、自《みずか》らもまた仏に至る道を歩みつつ、
かつまた、
「数限りない多くの人々を幸福にしよう」と願ってやまない人々の存在です。
あなたがたも菩薩になることができます。

人は、生まれによって決定されるのではありません。
人は、その思いと行いによって、
「いかなる人間であり、いかなる人生を送ったか」
ということが決められるのです。
この世のなかにおいて、
あなたがたがこの宗教的真理のなかを生きるとき、
あなたがたは、この世のなかにあって、
すでにこの世のなかの存在ではありません。
実在界の諸如来《しょにょらい》、諸菩薩と一体になって、
この地球を救おうとしている存在であるのです。
下生《げしょう》した菩薩であり、「地涌《じゆ》の菩薩」であるのです。

さあ、私が説く法は、

形骸化《けいがい》された、漢文となった、人々に理解できない教えではありません。
今、現代語で、あなたがたに分かるかたちでの教えを、
現在進行形で説いています。

あなたがたこそ、世界を変えていく力であります。
一人ひとりの力は小さくとも、結集した力は大きな大きなものとなります。
世界を変えていきましょう。
「幸福の革命」を起こしていきましょう。
幸福の革命を起こして、いったい誰《だれ》がそれを否定するというのでしょうか。
一人でも多くの人を幸福にする、
そのための実践《じっせん》、慈悲《じひ》の実践行《ぎょう》こそ、真なる宗教の使命であり、
宗教が公《おおやけ》のものであることの証明であると思うのであります。
「来年以降、不毛な宗教議論は決してさせまい」と私は考えています。

みなさん、宗教は公のものです。
公器です。
それは、人類を幸福にする結果によって実証されるのです。

われら、今、立ち上がらん。
われら、今、勇気を持って、
獅子吼《ししく》せん。
伝道せん。
全世界に、全地球に――、この真理を宣べ伝えん。

共に希望の二十一世紀をつくっていきましょう。

第11章

人類の選《せん》択《たく》

1　二十一世紀は「平和と安定」か「人類の淘汰《とうた》」か

二十二年ぶりに東京ドームで講演をしたことの意味

みなさん、こんばんは。二十二年ぶりの東京ドームになりました。まだそのころには生まれていなかった方々も、今では幸福の科学の職員や活動家になっています。うれしいことです。

二十二年前までに東京ドームで十回の講演をしましたが、その後は、深く静かに活動を続けながら、全国・全世界に教えを広げてきました。すでに、二千二百冊を超《こ》える本を出版し、二千六百数十回の講演をしました（説法《せっぽう》当時。二〇二〇年九月時点で二千七百冊以上発刊、説法回数三千二百回以上）。私の講演を聴《き》いた方は、数億人に上《のぼ》ります。

今日（二〇一七年八月二日）も、東京ドームから全世界の約三千五百カ所に衛星中継《ちゅうけい》がかかっていますが、国によってはすぐには届かないところもあり、日本時間で八月二日夜の私の講演を、世界の最後の会場で聴く人は十月になるそうです。

「世界は広いな」と、つくづく感じます。

「この地球全体に向けて教えを発信するということは、限りなく重く強い責任感を必要とすることである」と感じています。

しかし、それをもう三十数年やってきました。

一九九一年にこの場で初めて話をしたときには、それは、「新しい宗教の不思議な光景」として全国に知られましたが、一般《いっぱん》の方々の理解を十分に得られないこともあって、当会の信者のみなさんには、さまざまなご心労をおかけしたこともあります。

それから、全世界で教えを弘《ひろ》めてきました。

今、私は、かすかな、小さな自信を持っています。

東京ドームから全世界に向けて教えを説ける人が、今、私のほかに地球上にいるでしょうか。

これが、私が存在し、みなさんの前に立っていることの意味です。

本日、この場に集《つど》われたみなさんは、どうか、後々《のちのち》の世まで、「あなたがたの主は、二十一世紀の前半において、人類を見捨ててはいなかった」ということをお伝えください。

世界の人口は七十億を超えました。教えを届かせるのは大変です。

しかし、「この二十一世紀が、平和と安定の世紀となるか。それとも、増えすぎた人類が淘汰《とうた》されるときとなるか」ということは、ひとえに、現在ただいまのみなさんと、みなさんに続くであろう人たちの行動にかかっているのです。

なぜ、今、私は二十二年ぶりにここで話をしているか。

それは、「今」という時が、人類にとって「未来を分ける時」であり、ちょうど山の頂《いただき》に登り詰《つ》めた時にも当たるからです。

「始原《しげん》の神」「創造の神」であるアルファ

私が「人類創造」を志したのは、今からもう、三億年も四億年も前のことになります。

現在の科学では認められてはいませんが、あなたがたの先祖は、三億年以上の昔、あの恐竜《きょうりゅう》が地球を徘徊《はいかい》していたときに、この地上に生まれたのです。

ある者は霊体《れいたい》として存在していましたが、最初に、そのうちの数百人を実体化させて、この世に肉体を持つ存在として送り込《こ》みました。

また、違《ちが》った種類の人々は、他の宇宙から来た人々であり、そのなかから、この地球の環境《かんきょう》に適合できる人たちを選んで地上に下ろしました。

もう一種類の人たちは、宇宙からこの地上に下りようとしても、そのままでは肉体として地球の環境に不適合であるため、ハイブリッド（合いの子）にし、地球に住みやすいかたちにつくり変えて地上に下ろしました。

人類の創成期には、この三種類の人間を地上に住まわせました。

そして、私はそのころ、「アルファ」という名で地上に生まれました。

これが、人類の最初の指導者の名であり、今、「エル・カンターレ」という名で呼ばれている者の、「主」といわれる起源であります。

その名はアルファ。「始原《しげん》の神」「創造の神」です。

ここ百万年で、人類は七つの文明の興亡を見てきた

私は、初めてこの地上に下りしときより、「創造」を旨《むね》として、さまざまなものを創ってきました。

いろいろな考え方や特徴《とくちょう》を持っている人々を融和《ゆうわ》させ、協調させ、地球人として一つにするために、たくさんの文明を起こしました。

そのなかには、私の考えを理解できず、民族の違いや肌《はだ》の色の違いによって戦争をする者も、数多く生まれてきました。

しかし、私は、三億三千万年の間、寛容《かんよう》の心で、人類の緩《ゆる》やかなる進化と発展を見守ってきました。

今もまだ、人種差別、レイシズムとして、肌の色による差別は存在します。

また、国によって、経済のレベルや知的レベルに差があり、人間の命の価値が百対一ぐらいに違うところも、おそらくはあるであろうと思います。

長い時間をかけて、さまざまな試みをやってきました。

地上には、いろいろな救世主を送り込んできました。同じ時代に送ったこともあります。

そして、その周りに民族的な宗教が出来上がってきましたが、神の愛による宗教が、人々を相互不信《そうごふしん》に陥《おちい》らせ、互《たが》いに疑わせたため、他を排斥《はいせき》しようとする戦いが、過去、何度も起きました。

長い話はしません。何億年もの話は、あなたがたにはおそらく不要でしょう。

しかし、少なくとも、この百万年ぐらいの間に、人類は、七つの文明を、そして、その興亡を見てきました。

私が言う文明とは、「大陸ごと、繁栄《はんえい》するか、消滅《しょうめつ》するか」という、大きな意味での文明であります。

今、栄えているのは「第七文明」です。

この「第七文明」が、終わりを迎《むか》えるか。それとも、まだ先まで続いていくか。

それが「今」にかかっているのです。

2 世界各地にある「核《かく》戦争の危機」

今、「北朝鮮《きたちょうせん》の核開発」による三回目の危機が訪《おとず》れている（現在の問題の）一つはお分かりでしょう。

アジアにおいて、新しい火種が持ち上がっています。

●「第七文明」…… 『信仰の法』（幸福の科学出版刊）では、過去100万年間の文明のなかでは、ガーナ文明、ミュートラム文明、ラムディア文明、ムー文明、アトランティス文明、そして、アトランティス文明と現文明の間の「アズガルド文明」とでも呼ぶべき北欧中心の文明の、6つの文明があったと記述している。

言うまでもなく、それは、北朝鮮《きたちょうせん》による核《かく》開発や弾道《だんどう》ミサイルの実験です。彼らはアメリカと互角《ごかく》に戦えるようにしようとしています。

彼らの立場から見れば、それはもちろん、自国の防衛のためであり、アメリカからの攻撃《こうげき》を防ぐために軍事力を強化しているのでしょう。

しかし、アメリカの側から見れば、どうでしょうか。アメリカ本土をも攻撃できることが視野に入ったＩＣＢＭ（大陸間弾道ミサイル）をすでに持っており、原爆《げんばく》実験や水爆実験にも成功したという北朝鮮に対して、あの国が黙《だま》っていられるはずはありません。

まだまだ交渉《こうしょう》する余地があるように言う人もいます。「話す時間は、もう終わった」と言う人もいます。

私は、アメリカの本心は、おそらく、この一カ月以内に決まるであろうと思います。それが、人類の未来を分けることになると思います（注。その後、『緊急守護《きんきゅうしゅご》霊《れい》インタビュー　金正恩《キムジョンウン》 vs. ドナルド・トランプ』〔二〇一七年八月二十九日収録、幸福の科学出版刊〕でトランプ氏の守護霊が本心を語り、九月十九日の国連総会演説で、地上の本人が「自国や同盟国の防衛を迫《せま》られれば、北朝鮮を完全に破壊《はかい》する」と、守護霊と同様の強い警告をした）。

北朝鮮の核問題に関して、アメリカは、今、三回目の苦悩《くのう》に陥《おちい》っています。

一回目は一九九四年です。そのころに、北朝鮮の核開発疑惑《ぎわく》が持ち上がりました。クリントン政権のときです。

このとき、クリントン政権は北朝鮮の核施設《しせつ》への攻撃を真剣《しんけん》に検討しました。しかし、コンピュータによるシミュレーションによれば、「韓国人《かんこくじん》が百万人、アメリカ人が十万人は死ぬ」という予想が出ました。

当時の韓国大統領は金泳三《キムヨンサム》氏であり、今の文在寅《ムンジェイン》大統領の（政治的な）「先生」に当たるような方です。

彼は、その予想を見て、「百万人も死ぬのだったら困るので、攻撃はやめてください」とアメリカに言いました。

アメリカは、韓国の合意が取れないので攻撃を中止し、北朝鮮と話し合いをすることにしました。その結果、北朝鮮の初代国家主席（金日成《キムイルソン》）は核開発の凍結《とうけつ》を約束しました。

私は、そのころ、講演会で北朝鮮の核開発の危険性を指摘《してき》し、その対策が必要であることを述べました（本書第7章参照）。

また、当会が製作した映画の第一回作品で、一九九四年に公開した「ノストラダムス戦慄《せんりつ》の啓示《けいじ》」（製作総指揮・大川隆法）のなかでも、北朝鮮の核ミサイルの危機について描《えが》いています。

もうすでに、そのころから警告はしていたわけです。

二回目の危機は、二〇〇八年から二〇〇九年にかけてであり、金正日《キムジョンイル》がトップをやっていたころです。

このころ、北朝鮮は核開発をさらに推《お》し進めることを決定しました。しかし、残念ながら、アメリカは共和党政権から民主党政権、つまりオバマ政権へと代わり、また、同時期に、「リーマン・ショック」といわれる世界大不況《だいふきょう》が起きたため、彼は実戦行為《こうい》には及《およ》びませんでした。

この二回の機会を、アメリカは逃《のが》しています。そして、北朝鮮のほうは、今、三代目の金正恩の代に入り、仕上げに入っているのです。それが彼の体制だろうと思います。

いずれにしても、残念な話ではあります。

私のほうは、今、百万人以上の人が亡《な》くなったとしても、霊界《れいかい》において、その人たちの魂《たましい》を回収できる態勢をつくらなければいけないので、仕事を急いではいますけれども、アメリカがどのように判断するか、これから、みなさんは見ることになると思います。

もし、アメリカがアクション、行動を起こしたならば、北朝鮮という国は崩壊《ほうかい》します。しかし、数多くの人が亡くなることになるでしょう。

もし、アメリカがアクションを起こさなかった場合、トランプ大統領に決断力がなかった場合は、おそらく、アメリカは「スーパー大国」の立場から降り、世界の覇権《はけん》国家ではなくなるでしょう。今後、アメリカの忠告を聞くところはなくなるはずです。

アジア、中東の核《かく》をめぐる危機的状況《じょうきょう》

危機は、すでに、あちこちにあるのです。

例えば、中国とインドの間にも、危機はあります。ブータンという国があります。

あるいは、ネパールという国があります。こういう国々も、中国の侵攻《しんこう》を恐《おそ》れています。インドは、今、カリカリきていて、いつでも核《かく》戦争が起きかねない雰囲気《ふんいき》はあります。

こういうときに、世界にリーダーがいなかったら、止めることはできないのです。

過去を振《ふ》り返れば、そうした危機は幾《いく》つかありました。

一九六二年ごろには、「キューバ危機」というものもありました。

キューバという島にソ連のミサイル基地がつくられ、ここに核装備をされたら、アメリカのほぼ全土が核ミサイルの射程範囲《はんい》内に入るというときがあったのです。このとき、ケネディ大統領は、一般《いっぱん》には「海上封鎖《ふうさ》」といわれている海上臨検をやって、彼らの退去を要請《ようせい》し、ソ連のフルシチョフ首相がそれを呑《の》むことによって、核戦争の危機は回避《かいひ》することができました。

それ以外にも、もちろん、核危機はあります。

インドとパキスタンの間にも、核戦争の勃発《ぼっぱつ》寸前のときはありました。

イスラエルにしても、周りのアラブ諸国に対しては、いつも核危機の恐怖《きょうふ》を与《あた》えているはずです。イスラエルは、「小さな国なので、核兵器を使わなければ護《まも》れない」と思っているからです。こういうことで、今、イランという国も、北朝鮮の次の「核開発の問題」として出てくるであろうと思っています。

3 「世界的正義」に照らして各国の現状を観《み》る

いろいろな国が愛国心を持って国防をするということは、その国の安定と発展のためには大事なことです。それは認めましょう。日本の国のなかで地方自治が認められているように、地球のなかで、二百カ国近い国がそれぞれの国の自衛のために国防をするのは、当然のことだと思います。

しかしながら、それは一つの物差しであって、すべてではありません。もう一つの物差しとは、「そうした考え方のなかに『世界的正義』があるかどうか」ということであり、これが大事なことだと思うのです。

例えば、今、北朝鮮《きたちょうせん》の指導者には、世界の声はまったく聞こえていません。また、中国の国家主席には、国内法と国際法の区別がほぼついていません。

そのように、あちらにもこちらにも、たいへん難しい状況《じょうきょう》があります。ロシアは、半分ぐらいは独裁国家ですけれども、残りの半分ぐらいは、自由と民主主義を求め、ロシア正教の公式な復活を目指しているところです。

これをたとえて話をするとすれば、こういうことです。

・アメリカ

アメリカ合衆国という国では、トランプ大統領の登場に当たり、マスコミから非常に厳しい批判が続きました。大統領に就任して以降も、トランプ批判は鳴りやみません。その筆頭は、CNNという国際的な大きなテレビ局です。そこのニュース番組のメインキャスター、アンカーマンなどは、名前は言いませんが、本当にトランプ大統領と敵対し、対立しているように見えます。しかし、彼は、おそらく生命の危機は感じていないだろうと思います。これがアメリカ合衆国です。

・ロシア

もし、ロシアで、CNNのような代表的なテレビ局のニュースキャスターが、プーチン大統領のことをずっと批判し続けたらどうなるか。暗殺されます。確実です。過去、すでにそういうことはありました。

・中国

もし、中国において、CNNのように、中国政府あるいは習近平《しゅうきんぺい》主席の間違《まちが》いを糺《ただ》したらどうなるか。もちろん、そのメインキャスターは牢獄《ろうごく》行きで、劉暁波《りゅうぎょうは》氏のような最期《さいご》を迎《むか》えられればいちばんよいほうでしょう。実際にはその前に粛清《しゅくせい》されることが多く、おそらく、その会社自体も国営化され、消されていくだろうと思います。

しかし、その習近平氏も、すでに過去、六回以上の暗殺未遂《みすい》に遭《あ》っています。中国の歴代の指導者としては、最も暗殺を恐《おそ》れている指導者と言われています。そうであるからこそ、強い指導者を演出し続けているというのも、確かなことなのでしょう。これが中国です。

・北朝鮮《きたちょうせん》

北朝鮮《きたちょうせん》ならばどうか。そもそも、CNNのようなものなど、存在不能です。北朝鮮で映っている人を見てください。笑っているのは金正恩《キムジョンウン》氏ただ一人です。完全なる全体主義国家です。社会主義的全体主義と言ってもよいでしょう。

中国は、これに次ぐものですが、やや権力闘争《とうそう》が許されている面もあるので、少しは緩《ゆる》く、そのようになるにはまだ時間がかかると思います。

これが、現実に置かれている状態なのです。

したがって、国防ということ、国を愛し、国を護《まも》るということは、各国の持っている権利ではあるのですが、もう一つ、「その護るべき国は、『世界正義』に照らして正しいか、『神の心』に照らして正しいか」という基準があることを忘れてはなりません。

・日本

では、日本であればどうでしょうか。

日本で、CNNのようなところが安倍《あべ》首相の批判をし続けたらどうなるか。安倍首相はCNNの代表者を会食に呼び、一緒《いっしょ》に食事をして、何とかなだめ、ゴルフに連れていこうとするでしょう。しかし、それでも批判をやめなかった場合は、閣僚《かくりょう》の誰《だれ》かに辞《や》めてもらい、最後は自分自身が退陣《たいじん》するというかたちになるでしょう。

これが日本です。

そのように、それぞれの国によって、対応は違うわけです。

ですから、みなさんが、今、生まれ直すとして、「どういう国を選ぶか」ということをよく考えていただきたいのです。そういう事情を知った上で、「もう一度生まれ変わりたい」という国には、やはり、その背景に「神の正義」があると思わなければならないのです。

それは、つらい選択《せんたく》ではあるけれども、自国を防衛するということにおいては、「防衛するに足る国家であるかどうか」という神の目から逃《のが》れることはできないのだということです。これを私は言っておきたいと思います。

4 人類は、今、重大な岐路《きろ》に立っている

「自由と民主主義」の国にある「政教分離《ぶんり》」の問題

現在ただいま、大事な問題点は収斂《しゅうれん》されてきています。

一つは、社会主義的全体主義国家。国家が決めたルールどおりにしか、政治も経

済も動かないような全体主義国家です。そして、「言論の自由」「表現の自由」「出版の自由」「報道の自由」も含《ふく》めた自由が著《いちじる》しく制約されている国家です。

もう一つは、そういう自由もすべて認められている、自由で民主主義的な国家。問題点はまだまだたくさんあるけれども、自由で民主主義的な国家のなかで「正義」を探す試みということです。

言葉を換《か》えて言えば、これから先、二〇一七年以降、日米を基調とした「自由と民主主義」の国家体制が、世界のリーダーとしてまだ引っ張り続けていくのか。それとも、北朝鮮《きたちょうせん》や中国のような、報道の自由もなく、言論の自由もない全体主義国家が、恐怖《きょうふ》によって世界を支配するのを受け止めるのか。

今、そういう選択肢《せんたくし》が来ています。今年（二〇一七年）は、その「重大な年」の一つです。

これから来るものに対して、

みなさんは、心を引き締《し》めてください。勇気を持ってください。
いろいろな意見が飛び交《か》います。
迷うことも多いでしょう。
反対の意見も多いでしょう。
国際世論《せろん》も沸騰《ふっとう》するでしょう。
しかし、迷ったら、最後は私の言葉を聴《き》いてください。
これが、人類を率いてきた者の言葉だからです。

私は、本来は、神の言葉が成就《じょうじゅ》する国家の運営を実現できればよいと思っています。しかしながら、今、そういう国は世界に見当たらないのです。
自由と民主主義の国は、個人の人権を弾圧《だんあつ》したり、人々を簡単に殺害したりする国よりは、はるかによい国です。しかしながら、自由と民主主義の国のなかにも、もはや神の言葉を感じず、神の教えを過去のものにしているところも数多くあるということを知ってください。

そのキーワードが、「政教分離《ぶんり》」という言葉です。政治と宗教を分けるということです。これが、自由と民主主義の国のなかでも数多く行われています。

ゆえに、イエスが「人を殺すなかれ」と教えても、キリスト教国同士で戦争ができるのです。政教分離をしているから。政治をするのは、国民に選ばれた人たちであって、神ではないから。だから、人が殺せるわけです。それが政教分離です。

「政教一致《いっち》」の「一神教」が抱《かか》える問題点

一方では、「政教一致《いっち》」「祭政一致」といって、「神の教えを国の政治と経済体制等に反映しよう」としている国家もあります。イスラム教の諸国も、おそらくそういう考えであろうと思います。もし、本来の神の心がそのまま、現在ただいまの地上の政治に反映されているのならば、これは正しい結果になります。

しかしながら、ムハンマド降誕《こうたん》以降、千四百年がたった今、イスラム教国の指導者は、ムハンマドの心がストレートに分かると思いますか。分からないのです。そのため、過去の教典に照らして、現在の人々が自分たちに有利なような政治や経済政策を取っています。「祭政一致」「政教一致」といっても、ここに問題点はあるわけです。

特にイスラム教国においては、君主制との連携《れんけい》が強いので、民主主義制度を嫌《きら》うところが数多くあります。ですから、イスラム教国から移民として欧米《おうべい》に入った人たちが、ときどきテロリストになって世界を騒《さわ》がせているのです。

もちろん、イスラム教徒のなかには民主主義を認める人たちもいますが、急進的な「原理主義者」といわれる人たちは、民主主義を認めません。彼らは、「神が言うとおりに人間は生きるべきだ」と考えているからです。しかしながら、現時点の政治指導者、イスラム指導者たちには、神の言葉が聞こえていないのです。ここが問題なのです。

もし聞こえているならば、彼らも反省したり、考えを変えたりすることもできるでしょう。ただ、聞こえていたのは、もう古い古い「古典の時代」なのです。その時代の言葉に基《もと》づいて現代の政治や経済を判断しようとしても、できないのです。なぜなら、何も語られていないからです。

間違《まちが》ってはいけません。イスラム教徒による自爆《じばく》テロがありますが、イスラム教でも、きちんと、『コーラン』のなかで、神は「人を殺すなかれ」と説いています。人を殺してはならないし、傷つけてもならないと教えているのです。しかし、彼らは戦争をします。それは、「自分たちの神が本物で、それ以外の神は偽物《にせもの》だ」と思っているからです。

しかし、「こういう一神教がすべてではない」ということを、どうか知っていただきたいのです。

それぞれの民族や国には、歴史的にその民族や国の神といわれる方がいます。私はそれを認めています。その意味で、インドのような「多神教」というのは現実にあります。数多くの神がいます。

そのときに、もし本物の神は一人だけで、あとは全部偽物だとしたら、戦争ばかりが起きます。ほかの民族、ほかの国をやっつけて、その教えを弘《ひろ》めるために外国を占領《せんりょう》していくことが正義になるからです。

さらに言えば、キリスト教にしても「一神教」です。それゆえに、かつてスペインやポルトガルも、地球を一周して植民地をたくさんつくりました。いろいろな国の宗教を潰《つぶ》し、植民地化していったわけです。

ただ、それでも世界を押《お》さえられないでいます。それは、神のせいではなく、神の教えを受けてやっている人の認識力の問題なのです。

5　地球神エル・カンターレからのメッセージ

キリスト教、ユダヤ教、イスラム教、日本神道《しんとう》等のもとなる神は同じ存在

今、私は、あなたがたに言う。
キリスト教に言う「主なる神」。
ユダヤ教に言う「エローヒム」。
イスラム教に言う「アッラー」。
中国の孔子《こうし》が言う「天帝《てんてい》」。
さらには、日本神道ではその姿も知られていないが、創造神である「天御祖神《あめのみおやがみ》」。
すべては同じ存在であり、一人なのです。

「どの宗教も、
民族性や文化性の違《ちが》いによって、考え方が違っているかもしれないけれども、
もとなるものは一つであって、さまざまに魂《たましい》を磨《みが》きながら、
この地上で修行《しゅぎょう》している仲間であることに変わりはないのだ」
ということを知っていただきたい。

民族の壁《かべ》を超《こ》えるために、「転生輪廻《てんしょうりんね》」という仕組みもつくりました。
今は日本人でも、過去世《かこぜ》は日本人ではないことがあります。
ヨーロッパ人であったり、中国人であったり、韓国人《かんこくじん》であったり、
また、その逆であったりすることもあります。
そういう魂経験をしながら、また、男女両方の経験もしながら、
人間は、理解する器《うつわ》を広げようとしているのです。

今、私は、最後の、最終の、すべての法を説くために、
この日本という国に生まれました。
私に分かる範囲《はんい》で、すべてのことを明かします。

神への信仰《しんこう》の下《もと》、自由と民主主義の世界を続けることを選び取れ

あなたがたは、今後、宗教を理由にして国際戦争をしてはならない。
あなたがたは、無神論か有神論かということで、
宗教を信じるか信じないかによって、戦争を起こしてはならない。
金正恩《キムジョンウン》よ、神を信ぜよ。
核《かく》兵器を捨て、ミサイルを捨てよ。
習近平《しゅうきんぺい》よ、神を認めよ。
神の下《もと》の自由と民主主義を認めよ。
それが、地球神の言葉である。

また、イスラム教国よ、
あなたがたは一神教を名乗っているが、神の声が聞こえているか。
聞くなら、私の言葉を聞きなさい。
そうすれば、イスラム教徒とヨーロッパの人々が、
移民を契機《けいき》として、テロ合戦をすることはなくなるでしょう。
私は、そんなことを勧《すす》めてはいない。
一般《いっぱん》の民間人が、自動車に乗って、爆弾《ばくだん》と共に
他の民間人に突《つ》っ込《こ》むことなど、許していない。
母や子がダイナマイトを巻いて、大勢のなかで自爆テロを起こし、
何万人もの人を恐怖《きょうふ》に陥《おとしい》れることを、認めていない。

あなたがたに言う。

真の神の言葉を知って、
人類はその違いを乗り越《こ》えて
融和《ゆうわ》し、協調し、進化し、発展していくべきである。
これが、地球神エル・カンターレの言葉である。
二度と忘れることなかれ。
あなたがたの心に刻《きざ》むのだ。

人類は一つである。
地上的な争いを乗り越える神なる存在を信じ、
その下《した》に、
自由と民主主義を掲《かか》げる世界を、これから続けていくことを選び取るのだ。

もう一度、言います。

北朝鮮《きたちょうせん》に必要なのは「信仰《しんこう》」です。
中国に必要なのも「信仰」です。
インドに必要なのは、さまざまな神の上にいる神の存在です。
イスラム教国に必要なのは、アッラーとは誰《だれ》かを知ることです。
私は、その違いを超えて人類を愛しています。
受け入れています。
信じることを通して、愛とは何かを学んでください。
それが、私のメッセージです。

あとがき

活字で読む講演は、その迫力はよく判《わか》らない。しかし、現実に東京ドームで講演するということは大変であった。説法だけで会場は五万人。時には全世界に衛星中継したが、大変な念力《ねんりき》と言魂《ことだま》が必要だった。

今となっては、何も弁解はするまい。

これが私である。

これが幸福の科学である。

そして、これが幸福の科学の発展の歴史である。後世《こうせい》の人々への何らかの記念碑《きねんひ》となることを切に祈っている。

二〇二〇年　九月二十日

幸福《こうふく》の科学《かがく》グループ創始者兼総裁《そうししゃけんそうさい》

大川隆法《おおかわりゅうほう》

『大川隆法　東京ドーム講演集』関連書籍

『黄金の法』（大川隆法 著　幸福の科学出版刊）
『青銅の法』（同右）
『信仰の法』（同右）
『永遠の仏陀』（同右）
『世界を導く日本の正義』（同右）
『愛、悟り、そして地球』（同右）
『日蓮を語る』（同右）
『宗教選択の時代』（同右）
『人の温もりの経済学』（同右）
『地球を救う正義とは何か』（同右）
『緊急守護霊インタビュー 金正恩 vs. ドナルド・トランプ』（同右）

大川隆法《おおかわりゅうほう》　東京《とうきょう》ドーム講演集《こうえんしゅう》

――エル・カンターレ「救世の獅子吼」――

2020年10月8日　初版第1刷

著　者　大《おお》川《かわ》隆《りゅう》法《ほう》

発行所　幸福の科学出版株式会社

〒107-0052 東京都港区赤坂2丁目10番8号
TEL(03)5573-7700
https://www.irhpress.co.jp/

印刷・製本　株式会社 堀内印刷所

落丁・乱丁本はおとりかえいたします

ISBN978-4-8233-0222-0 C0014

大川隆法 法シリーズ・**人生の目的と使命を知る《基本三法》**

太陽の法

エル・カンターレへの道

創世記や愛の段階、悟りの構造、文明の流転を明快に説き、主エル・カンターレの真実の使命を示した、仏法真理の基本書。14言語に翻訳され、世界累計1000万部を超える大ベストセラー。

第１章　太陽の昇る時
第２章　仏法真理は語る
第３章　愛の大河
第４章　悟りの極致
第５章　黄金の時代
第６章　エル・カンターレへの道

2,000円

黄金の法

エル・カンターレの歴史観

歴史上の偉人たちの活躍を鳥瞰しつつ、隠されていた人類の秘史を公開し、人類の未来をも予言した、空前絶後の人類史。

2,000円

永遠の法

エル・カンターレの世界観

『太陽の法』（法体系）、『黄金の法』（時間論）に続いて、本書は、空間論を開示し、次元構造など、霊界の真の姿を明確に解き明かす。

2,000円

※表示価格は本体価格（税別）です。

大川隆法ベストセラーズ・地球神エル・カンターレの真実

信仰の法

地球神エル・カンターレとは

さまざまな民族や宗教の違いを超えて、地球をひとつに──。文明の重大な岐路に立つ人類へ、「地球神」からのメッセージ。

2,000円

永遠の仏陀

不滅の光、いまここに

すべての者よ、無限の向上を目指せ──。大宇宙を創造した久遠仏が、生きとし生ける存在に託された願いとは。

1,800円

天《あめの》御《み》祖《おや》神《がみ》の降臨

古代文献『ホツマツタヱ』に記された創造神

3万年前、日本には文明が存在していた──。日本民族の祖《おや》が明かす、歴史の定説を超越するこの国のルーツと神道の秘密、そして宇宙との関係。秘史を記す一書。

1,600円

公開霊言　古代インカの王

リエント・アール・クラウドの本心

7千年前の古代インカは、アトランティスの末裔が築いた文明だった。当時の王、リエント・アール・クラウドが、宇宙の神秘と現代文明の危機を語る。

1,400円

幸福の科学出版

大川隆法ベストセラーズ・救世の獅子吼

われ一人立つ。大川隆法第一声

幸福の科学発足記念座談会

著者の宗教家としての第一声、「初転法輪」の説法が待望の書籍化！ 世界宗教・幸福の科学の出発点であり、壮大な教えの輪郭が説かれた歴史的瞬間が甦る。

1,800円

幸福の科学の十大原理（上巻・下巻）

世界120カ国以上に信者を有する「世界教師」の初期講演集が新装復刻。幸福の科学の原点であり、いまだその生命を失わない救世の獅子吼が、ここに甦る。

各1,800円

信仰と情熱

プロ伝道者の条件

多くの人を救う光となるために――。普遍性と永遠性のある「情熱の書」、仏道修行者として生きていく上で「不可欠のガイドブック」が、ここに待望の復刻。

1,700円

愛は憎しみを超えて

中国を民主化させる日本と台湾の使命

中国に台湾の民主主義を広げよ――。この「中台問題」の正論が、第三次世界大戦の勃発をくい止める。台湾と名古屋での講演を収録した著者渾身の一冊。

1,500円

※表示価格は本体価格（税別）です。

大川隆法ベストセラーズ・大川隆法の実像に迫る

大川隆法 思想の源流

ハンナ・アレントと「自由の創設」

ハンナ・アレントが提唱した「自由の創設」とは？「大川隆法の政治哲学の源流」が、ここに明かされる。著者が東京大学在学時に執筆した論文を特別収録。

1,800円

新復活

医学の「常識」を超えた奇跡の力

最先端医療の医師たちを驚愕させた奇跡の実話。医学的には死んでいる状態から"復活"を遂げた、著者の「心の力」の秘密が明かされる。

1,600円

宗教者の条件

「真実」と「誠」を求めつづける生き方

宗教者にとっての成功とは何か――。「心の清らかさ」や「学徳」、「慢心から身を護る術」など、形骸化した宗教界に生命を与える、宗教者必見の一冊。

1,600円

娘から見た大川隆法

大川咲也加 著

幼いころの思い出、家族思いの父としての顔、大病からの復活、そして不惜身命の姿――。実の娘が28年間のエピソードと共に綴る、大川総裁の素顔。

1,400円

※表示価格は本体価格（税別）です。

大川隆法シリーズ・最新刊

ウィズ・セイビア 救世主とともに

宇宙存在ヤイドロンのメッセージ

正義と裁きを司る宇宙存在が示す、地球の役割や人類の進むべき未来とは？ 崩壊と混沌の時代のなかで、宇宙人の側から大川隆法総裁の使命を明かした書。

1,400円

私の人生論

「平凡からの出発」の精神

「努力に勝る天才なしの精神」「信用の獲得法」など、著者の実践に裏打ちされた珠玉の「人生哲学」が明かされる。人生を長く輝かせ続ける秘密がここに。

1,600円

魔法と呪術の可能性とは何か

魔術師マーリン、ヤイドロン、役小角の霊言

英国史上最大の魔術師と、日本修験道の祖が解き明かす「スーパーナチュラルな力」とは？ 宗教発生の原点、源流を明らかにし、唯物論の邪見を正す一書。

1,400円

映画「夜明けを信じて。」が描く「救世主の目覚め」

仏陀、中山みきの霊言

降魔成道、大悟、救世主として立つ──。後世への最大遺物と言うべき、「現代の救世主」の目覚めの歴史的瞬間を描いた映画の「創作の秘密」が明かされる。

1,400円

大川隆法「法シリーズ」・**最新刊**

鋼鉄の法

法シリーズ 第26作

人生をしなやかに、力強く生きる

自分を鍛え抜き、迷いなき心で、闇を打ち破れ——。
人生の苦難から日本と世界が直面する難題まで、さまざまな試練を乗り越えるための方法が語られる。

2,000円

第１章　繁栄を招くための考え方
——マインドセット編

第２章　原因と結果の法則
——相応の努力なくして成功なし

第３章　高貴なる義務を果たすために
——価値を生んで他に貢献する「人」と「国」のつくり方

第４章　人生に自信を持て
——「心の王国」を築き、「世界の未来デザイン」を伝えよ

第５章　救世主の願い
——「世のために生き抜く」人生に目覚めるには

第６章　奇跡を起こす力
——透明な心、愛の実践、祈りで未来を拓け

幸福の科学の中心的な教え——「法シリーズ」

好評発売中！

幸福の科学出版　　※表示価格は本体価格（税別）です。

マドリード国際映画祭
長編外国語映画部門
最優秀作品賞
レインダンス映画祭
特別上映作品
サンディエゴ国際映画祭
公式選出作品
夜明けを信じて。
すべてを捨て、ただ一人往く。
10.16
Roadshow
製作総指揮・原作 大川隆法
田中宏明 千眼美子 長谷川奈央 並樹史朗 窪塚俊介 芳本美代子 芦川よしみ 石橋保
監督／赤羽博 音楽／水澤有一 脚本／大川咲也加 製作／幸福の科学出版 製作協力／ARI Production ニュースター・プロダクション
制作プロダクション／ジャンゴフィルム 配給／日活 配給協力／東京テアトル ©2020 IRH Press
https://yoake-shinjite.jp/

幸福の科学グループのご案内

宗教、教育、政治、出版などの活動を通じて、地球的ユートピアの実現を目指しています。

幸福の科学

一九八六年に立宗。信仰の対象は、地球系霊団の最高大霊、主エル・カンターレ。世界百二十カ国以上の国々に信者を持ち、全人類救済という尊い使命のもと、信者は、「愛」と「悟り」と「ユートピア建設」の教えの実践、伝道に励んでいます。

（二〇二〇年九月現在）

愛

幸福の科学の「愛」とは、与える愛です。これは、仏教の慈悲《じひ》や布施《ふせ》の精神と同じことです。信者は、仏法真理をお伝えすることを通して、多くの方に幸福な人生を送っていただくための活動に励んでいます。

悟り

「悟り」とは、自らが仏の子であることを知るということです。教学《きょうがく》や精神統一によって心を磨き、智慧《ちえ》を得て悩みを解決すると共に、天使・菩薩《ぼさつ》の境地を目指し、より多くの人を救える力を身につけていきます。

ユートピア建設

私たち人間は、地上に理想世界を建設するという尊い使命を持って生まれてきています。社会の悪を押しとどめ、善を推し進めるために、信者はさまざまな活動に積極的に参加しています。

国内外の世界で貧困や災害、心の病で苦しんでいる人々に対しては、現地メンバーや支援団体と連携して、物心両面にわたり、あらゆる手段で手を差し伸べています。

年間約２万人の自殺者を減らすため、全国各地で街頭キャンペーンを展開しています。

公式サイト **www.withyou-hs.net**

自殺防止相談窓口
受付時間　火～土:10～18時（祝日を含む）

TEL **03-5573-7707** メール **withyou-hs@happy-science.org**

ヘレン・ケラーを理想として活動する、ハンディキャップを持つ方とボランティアの会です。視聴覚障害者、肢体不自由な方々に仏法真理を学んでいただくための、さまざまなサポートをしています。

公式サイト **www.helen-hs.net**

入会のご案内

幸福の科学では、大川隆法総裁が説く仏法真理《ぶっぽうしんり》をもとに、「どうすれば幸福になれるのか、また、他の人を幸福にできるのか」を学び、実践しています。

入会

仏法真理を学んでみたい方へ

大川隆法総裁の教えを信じ、学ぼうとする方なら、どなたでも入会できます。入会された方には、『入会版「正心法語《しょうしんほうご》」』が授与されます。

ネット入会 入会ご希望の方はネットからも入会できます。
happy-science.jp/joinus

三帰《さんき》誓願《せいがん》

信仰をさらに深めたい方へ

仏弟子としてさらに信仰を深めたい方は、仏《ぶっ》・法《ぽう》・僧《そう》の三宝《さんぽう》への帰依を誓う「三帰誓願式」を受けることができます。三帰誓願者には、『仏説・正心法語』『祈願文《きがんもん》①』『祈願文②』『エル・カンターレへの祈り』が授与されます。

幸福の科学 サービスセンター
TEL 03-5793-1727
受付時間/
火～金:10～20時
土・日祝:10～18時
（月曜を除く）

幸福の科学 公式サイト
happy-science.jp

仏法真理塾「サクセスNo.1」

全国に本校・拠点・支部校を展開する、幸福の科学による信仰教育の機関です。小学生・中学生・高校生を対象に、信仰教育・徳育にウエイトを置きつつ、将来、社会人として活躍するための学力養成にも力を注いでいます。

TEL 03-5750-0751（東京本校）

エンゼルプランV

東京本校を中心に、全国に支部教室を展開しています。信仰に基づいて、幼児の心を豊かに育む情操教育を行っています。また、知育や創造活動を通して、子どもの個性を大切に伸ばし、天使に育てる幼児教室です。

TEL 03-5750-0757（東京本校）

不登校児支援スクール「ネバー・マインド」　TEL 03-5750-1741

心の面からのアプローチを重視して、不登校の子供たちを支援しています。

ユー・アー・エンゼル！（あなたは天使！）運動

障害児の不安や悩みに取り組み、ご両親を励まし、勇気づける、障害児支援のボランティア運動を展開しています。

一般社団法人 ユー・アー・エンゼル

TEL 03-6426-7797

NPO活動支援

いじめから子供を守ろうネットワーク

学校からのいじめ追放を目指し、さまざまな社会提言をしています。また、各地でのシンポジウムや学校への啓発ポスター掲示等に取り組む一般財団法人「いじめから子供を守ろうネットワーク」を支援しています。

公式サイト mamoro.org　ブログ blog.mamoro.org

相談窓口 TEL.03-5544-8989

百歳まで生きる会

「百歳まで生きる会」は、生涯現役人生を掲げ、友達づくり、生きがいづくりをめざしている幸福の科学のシニア信者の集まりです。

シニア・プラン21

生涯反省で人生を再生・新生し、希望に満ちた生涯現役人生を生きる仏法真理道場です。定期的に開催される研修には、年齢を問わず、多くの方が参加しています。

全世界212カ所（国内197カ所、海外15カ所）で開校中。

【東京校】 TEL 03-6384-0778　FAX 03-6384-0779

メール senior-plan@kofuku-no-kagaku.or.jp

幸福実現党

内憂外患《ないゆうがいかん》の国難に立ち向かうべく、2009年5月に幸福実現党を立党しました。創立者である大川隆法党総裁の精神的指導のもと、宗教だけでは解決できない問題に取り組み、幸福を具体化するための力になっています。

幸福実現党 釈量子サイト　**shaku-ryoko.net**
Twitter　**釈量子@shakuryokoで検索**

党の機関紙
「幸福実現党NEWS」

幸福実現党　党員募集中

あなたも幸福を実現する政治に参画しませんか。

○幸福実現党の理念と綱領、政策に賛同する18歳以上の方なら、どなたでも参加いただけます。
○党費：正党員（年額5千円［学生 年額2千円］）、特別党員（年額10万円以上）、家族党員（年額2千円）
○党員資格は党費を入金された日から1年間です。
○正党員、特別党員の皆様には機関紙「幸福実現党NEWS（党員版）」（不定期発行）が送付されます。

＊申込書は、下記、幸福実現党公式サイトでダウンロードできます。
住所：〒107-0052　東京都港区赤坂2-10-8 6階 幸福実現党本部
TEL **03-6441-0754**　FAX **03-6441-0764**
公式サイト **hr-party.jp**

出版 メディア 芸能文化　幸福の科学グループ

幸福の科学出版

大川隆法総裁の仏法真理の書を中心に、ビジネス、自己啓発、小説など、さまざまなジャンルの書籍・雑誌を出版しています。他にも、映画事業、文学・学術発展のための振興事業、テレビ・ラジオ番組の提供など、幸福の科学文化を広げる事業を行っています。

アー・ユー・ハッピー？
are-you-happy.com

ザ・リバティ
the-liberty.com

幸福の科学出版
TEL **03-5573-7700**
公式サイト **irhpress.co.jp**

THE FACT
ザ・ファクト
マスコミが報道しない「事実」を世界に伝えるネット・オピニオン番組

YouTubeにて随時好評配信中！

ザ・ファクト　検索

NEW STAR PRODUCTION

ニュースター・プロダクション

「新時代の美」を創造する芸能プロダクションです。多くの方々に良き感化を与えられるような魅力あふれるタレントを世に送り出すべく、日々、活動しています。 公式サイト **newstarpro.co.jp**

ARI Production

ARI《アリ》 Production《プロダクション》

タレント一人ひとりの個性や魅力を引き出し、「新時代を創造するエンターテインメント」をコンセプトに、世の中に精神的価値のある作品を提供していく芸能プロダクションです。 公式サイト **aripro.co.jp**